中国农业科学院附属小学
新时代生长教育理念与实践丛书

金穗语文
体验性活动链实践探索

刘芳 李宁 主编

中国农业科学技术出版社

图书在版编目（CIP）数据

金穗语文：体验性活动链实践探索 / 刘芳，李宁主编 . -- 北京：中国农业科学技术出版社，2021.3
ISBN 978-7-5116-5220-1

Ⅰ . ①金… Ⅱ . ①刘… ②李… Ⅲ . ①小学语文课—教学研究 Ⅳ . ① G623.202

中国版本图书馆 CIP 数据核字（2021）第 041502 号

责任编辑 穆玉红 褚 怡
责任校对 贾海霞
责任印制 姜义伟 王思文

出 版 者 中国农业科学技术出版社
北京市中关村南大街 12 号 邮编：100081
电 话 （010）82109707 82106626（编辑室）（010）82109702（发行部）
（010）82109709（读者服务部）
传 真 （010）82106626
网 址 http://www.castp.cn
发 行 各地新华书店
印 刷 者 北京科信印刷有限公司
开 本 170 mm × 240 mm 1 /16
印 张 9.75
字 数 220 千字
版 次 2021 年 3 月第 1 版 2021 年 3 月第 1 次印刷
定 价 45.00 元

《金穗语文：体验性活动链实践探索》编委会

主　编：刘　芳　李　宁

编委会：（按拼音顺序排列）

曹丽欢　董美娟　胡　鑫　李艳征　刘梦璐　吕昭苏

孙洪涛　田　旭　万　媛　王珍荣　吴婷婷　杨　璐

尹彩莲　于　淼　郑　玥

序

“语文·体验性活动链”：背景、内涵与价值*

陈晓波

《全日制义务教育语文课程标准（实验稿）》颁布，标志着新一轮基础教育语文课程正式启动；《义务教育语文课程标准（2011年版）》（以下简称《课程标准》）出台，继续推动着语文课程改革纵深发展。回溯十多年的改革历程，我们不难发现：“全面提高学生的语文素养”“积极倡导自主、合作、探究的学习方式”等理念早已为人们耳熟能详；以百花齐放的实践探索，将理念转化为教学行为，也取得了有目共睹的成就。

但“工具性与人文性的统一”这一本质问题，时至今日仍未在实践中很好地解决。在理念层面被广为接受的“统一”，一旦进入实践，就俨然对立：如重视情感体验，却忽略字、词、句等基础知识与听、说、读、写等基本技能的学习；抓基础知识往往又抛弃人文熏陶……这种人为地将工具性与人文性割

* 本文发表于《中国教师》2017年第10期。

裂、对立，或顾此失彼的做法，当下依然比比皆是。此外，在日常的语文课堂教学中，如何兼顾语文学科的特点与学生语文学习心理，建构以学生语文素养形成与发展规律为主线的教学实践，是目前亟待解决的关键问题。

有鉴于此，笔者自 2014 年开始指导中国农业科学院附属小学（以下简称为农科院附小）开展“全视角语文校本教研改革”。在近三年的实践探索中，农科院附小上下齐心协力，基于“目标—教学实施—评价”高度一致的改革蓝图，采取了“以改革愿景凝聚人心、以攻坚任务招募核心团队、以核心团队带动全体语文教师”的策略，持续推进语文教学实践的变革。“语文·体验性活动链”这一教学理念，正是在这场变革中逐步清晰并提炼出来的。

一、“语文·体验性活动链”提出的背景

深刻理解并领会修订版课程标准的核心理念，是“语文·体验性活动链”提出的现实语境。同时，它亦有深厚的实践积累与坚实的学理依据。

1. 正确把握语文课程的基本性质与特点

“语文课程是一门学习语言文字运用的综合性、实践性的课程”,《课程标准》中开宗明义的界定，是指导语文教学实践与探索的基本准则。理解这句话，至少要把握三个要点。

第一，语文课程是学习“语言文字运用”的。语文课程中所有人文性的教育，都必须凭借“语言文字运用”来实现，这样就与其他基础工具性的课程区别开来。而且，这里强调“运用”语言文字，自然也就与高等教育中文字学、现代汉语、古代汉语、文学理论、写作等专门且系统的学科知识区别开来。

第二，语文课程是综合性课程。语文课程的“综合性”，在本质上体现为“工具性与人文性的统一”以及知识与能力、过程与方法、情感态度与价值观三维目标的相互渗透，具体表现为语文课程内部听说读写的联系、语文课程与其他课程的沟通以及语文课程与生活的联系等。

第三，“语文课程是实践性课程。应着重培养学生的语文实践能力，而培养这种能力的主要途径也应是语文实践”。这里所说的“实践”，虽然也包括语文学习中一些必要的双基训练，但主要是指向以学生为主体，与真实的学习、生活情境紧密联系的，有意义的、运用语言文字的实践。“学生是语文学习的主体”，不仅仅限于课堂之外的综合实践活动，更应该体现在日常的语文

课堂学习中。

2.“全视角语文校本教研改革”的探索

“语文·体验性活动链”的提出，以农科院附小自2014年7月启动的“全视角语文校本教研改革”为实践基础。所谓“全视角”，是包含目标、实施过程及评价等诸方面的全面而系统性的改革。它从目标开始，然后评价，进而进行活动设计。

首先，“目标”层面要实现“工具性与人文性的统一”，实现三维目标的融合渗透。改革伊始，农科院附小语文核心团队将课程标准中的“学段目标与内容”层层化解，具体至每一册教材每一个单元的学习目标，并在行动中逐渐达成共识：三维目标是指某个目标的三个维度，而不是按三个维度生搬硬套；工具性与人文性是不能拆解、割裂的；目标层面上实现三维目标的相互渗透，实现“工具性与人文性的统一”，是在教学中整体推进语文学习的关键。

其次，我们又对应着目标修订了评价方案，确保目标与评价的一致性，进而开始争相体验整体推进目标的教学过程。“活动设计”成了教师关注的焦点。在反复研讨、备课的过程中，大家又经历了一次观念转变的洗礼：从研究教师“教什么、怎么教”转变为研究学生“学什么、怎么学”。但是让学生在课堂学习中真正“动”起来并非易事。教师在探索中引入了课堂学习任务单，最初设计的任务单与练习册无本质区别，单纯关注知识、技能等工具性目标以及机械训练等惯性思维非常明显。这时“语文·体验性活动链”理念的恰时介入，可引领教师将关注的焦点从“活动”转向“体验性活动”，进而转向“体验性活动链”，深刻反思如何紧扣目标并基于学生语文素养形成与发展的规律，设计一系列活动。

3.库伯“体验学习圈”理论的启示及运用

作为一个从实践探索中提炼而成的组合概念，“语文·体验性活动链”也有坚实的学理依据。组织心理学家库伯（Kolb）借鉴杜威（Dewey）、勒温（Lewin）、皮亚杰（ Piaget）的学习理论，将体验学习（experiential learning）描述为“以体验为基础的持续过程”“运用辩证方法不断解决冲突的过程”“个体与环境之间连续不断的交互作用过程”“创造知识的过程”等，并创造性地提出了“体验学习圈”，将体验学习程序化、科学化。“体验学习圈”是由四个基本阶段构成的完整的学习系统，即具体体验（concrete experience）、反思观察（reflective observation）、抽象概括（abstract conceptualization）和主动应用（active experimentation）[①]。这四个阶段揭示了一个相对完整的“体验学习”过程的本质特点。

库伯关于“体验学习”的阐述，为“语文·体验性活动链”提供了坚实的理论基础，也指导着“语文·体验性活动链”的实践持续深入。

二、“语文·体验性活动链”的内涵与外延

“语文·体验性活动链”是指为了促进学生语文素养的形成与发展，在学习过程中针对具体的学习内容而设计的一系列在有意义的情境中展开的、相对完整的、学习运用语言文字的活动系统。

1.“语文·体验性活动链”的内涵

认识并理解“语文·体验性活动链”的内涵，需要逐一澄清“活动”“体验”“链”“情境”“语言文字运用”等基本要素。

（1）活动。“活动”是指在真实、完整且有意义的情境中，以学生为实践主体、教师为主导，共同完成由目标驱动的、学习语言文字运用的特定学习任务的过程。活动的主体必须是学生，“教师是学习活动的组织者和引导者”。那些热热闹闹、轰轰烈烈的“花活儿”，诸如上课带着学生为做游戏而做游戏、为讨论而讨论等形式主义的做法，或经过“包装”未改“训练”本质的练习题，都不是真正的语文实践活动。

（2）体验。“体验是主体内在的历时性的知、情、意、行的亲历、体认与验证”，“体验性”是“学生主体参与的一个重要维度”[②]。“体验”之于语文学习，又有特殊的意义，因为“语言在本质上是一种需要人类经验才能获得的知识和技能。体验反映了人类参与语言活动的过程，不参与人类语言活动就不可能获得语言”[③]。

在“语文·体验性活动链”的概念表述中，“体验”是“活动”的根本属性。活动有很多不同的类型，但是这里强调的是“体验性活动”。“体验性活

① 库伯 . 体验学习：让体验成为学习和发展的源泉 [M]. 王灿明、朱水萍等译 . 上海：华东师范大学出版社，2008。

② 沈建 . 体验性：学生主体参与的一个重要维度 [J]. 中国教育学刊 . 2001（2）。

③ 邹为诚、刘蕴秋、熊淑慧 .“语言体验”的教育学理论研究 [J]. 中国外语 . 2009（6）。

动”，意味着有三维目标的引领、以学生为主体的参与。这是语文学习“工具性与人文性的统一”能够实现的基本保障。

（3）链。“链”所描述的是活动与活动之间的关系，实质是学生语文学习由浅入深、由低到高、由模糊到清晰的过程，即实践的过程、体验的过程。而且，这个过程不是直线式推进的，而是呈螺旋上升的状态。

“链”所呈现的是学习内容的整体推进，是知识与能力、过程与方法、情感态度与价值观三维目标的统一，是“工具性与人文性的统一”；“链”必须持续地指向目标的达成，具有鲜明的目标趋向性；“链”的流向既要符合语文学科自身的逻辑，还要符合学生语文学习的心理逻辑。

（4）情境。真实、完整且有意义的情境，是“体验性活动”展开的背景，也是“体验性活动”的必要载体，更是“体验性活动”生发的支点。“情境”之于“体验性活动”的重要意义，以情境认知观的核心理论——知识都是在具体情境中建构的——为学理依据。在小学“语文·体验性活动链”的实践探索中，我们创设活动情境的来源，包括课文的情境、课堂学习的即时情境以及生活的情境。以丰富的情境为支撑，“活动”才能焕发生机，吸引学生欲罢不能地参与语文学习。

（5）语言文字运用。语言文字运用，是“语文·体验性活动链”存在的基本前提。如果没有涉及语言文字的运用，就根本谈不上“语文·体验性活动链”。“语文·体验性活动链”的设计与实施，始终以学生学习语言文字运用为核心。在参与“语文·体验性活动链”的过程中，学生学习语言文字运用的真实表现应如何评价，是当前研究要突破的关键点。

需要特别说明的是，为什么强调“体验性”，而不是“体验式”？实际上，《课程标准》已经提出了“体验性活动”的概念。从字义上辨析，“式”是指外在性质，“性”是本质。“活动”是学生语文实践的表现，而“体验”是内核。只有将“体验”作为活动、活动链的本质属性，而不仅仅是外在形式时，学生的语文学习方能体现出“学习语言文字运用”的“综合性”“实践性”的本质特征，真正实现“工具性与人文性的统一”。

2.“语文·体验性活动链”的外延

“体验性活动链”是一种教学理念，不仅仅是教学方法或教学形式。作为一种教学理念，它可以广泛应用于基础教育领域不同学段的不同学科中。这里，我们仅探讨“体验性活动链”在小学语文教育教学中的应用。

具体来说，根据学生语文素养形成与发展的需要，“语文·体验性活动链”可以灵活应用于某一课时、某篇课文、某篇习作、某组课文或某个单元、某本书的学习中。应用载体的选择，取决于学生语文学习真实而具体的需要，而不是老师的喜好。

三、“语文·体验性活动链”的实践意义

三年多来，农科院附小语文教学团队开发并积累了一系列“语文·体验性活动链”学习案例。在反复实践的过程中，借鉴吴欣歆教授在书册阅读中所运用的“体验式学习活动链”①，我们总结了设计“语文·体验性活动链”的基本路径：定位学习目标—明确成果标准—组织情境素材—设计活动流程。一个完整的“体验性活动”，包括明确的目标指向、恰切的学习任务、具体的学习流程、必要的策略支持、持续的反思校正等基本设计要素。

“语文·体验性活动链”的教学实践，激发了学生们欲罢不能的参与热情和源源不断的学习智慧；学生的这种状态，不断地强化教师坚持实施“语文·体验性活动链”的决心，逐步提升家长对“全视角语文校本教研改革”的支持力度。

首先，它较好地解决了日常语文课堂教学中“工具性与人文性的统一”问题。由于强调以学生的实践、体验为前提，强调以学习运用语言文字为核心，工具性与人文性自然而然地融合渗透在语文学习的过程中。在参与体验性活动链的过程中，学生运用语言文字的困惑和难点得以充分暴露，教师的跟进指导也更具针对性。与此同时，学生情感、态度与价值观方面的学习也恰恰渗透在如此扎实的运用语言文字的学习过程中，可谓水到渠成。

其次，较好地解决了语文学科逻辑与学生语文学习心理逻辑之间的矛盾，有利于构建以学生语文素养形成和发展规律为主线的语文教学实践。“学生生理、心理以及语言能力的发展具有阶段性特征，不同内容的教学也有各自的规律”，设计并实施“语文·体验性活动链”必须综合考虑不同学段学生的特点和不同教学内容的本质特点。“语文·体验性活动链”中的“链”的意义与价

① 吴欣歆．体验式学习活动链：语文教学转型的有效路径 [J]. 教育科学研究．2016（11）.

值就在于此。当“链”的设计合理时，学生参与活动的积极性、主动性就会非常高，活动过程中所表现出的运用语言文字的智慧也常常令教师、家长备感惊喜。

鉴于已经初步取得的可喜成果，自 2016 年 6 月，依托北京教育学院卓越教师工作室项目，以农科院附小语文教学团队为先行者，“语文·体验性活动链”的理念正广泛应用于小学语文日常教学中。当然，我们的探索毕竟刚刚起步，有关“语文·体验性活动链”的实施难点、评价原则以及实施条件等诸多问题，还有待于进一步深入研究并解决。

（作者系北京教育学院初等教育学院小学课程研究中心，副教授，博士）

“语文·体验性活动链”课题研究助力教师专业成长

2014 年，习近平总书记在北京师范大学与众多师生一起座谈，他深情地说，一个人遇到好老师是人生的幸运，一个学校拥有好老师是学校的光荣，一个民族源源不断涌现出一批又一批好老师则是民族的希望。怎样打造一支凝聚“好老师”的光荣团队呢？拥有坚定的理想信念、高尚的道德情操和仁爱之心固然重要，但失去了扎实的学识则好比缺失了一条腿的椅子一样，不能稳固。促进教师的专业发展，提升其教学能力是至关重要的。

怎样做才会尽快提升教师的教学能力，中国农业科学院附属小学各个学科都在尝试以课题为引领，抓准教学中的真问题，探索用科学的方法开展课堂研究，语文学科在专家们的引领下进行了不懈的探索，取得了丰硕的成果。

早在 2014 年，北师大版小学语文教材副主编陈铮以及北京教育学院初等教育学院的陈晓波、吕俐敏三位专家就针对语文教学中存在的问题对农科院附小所有的语文教师进行了多次的分层培训。在学习活动中，我们渐渐达成了“教、学、评”一体化的共识。为解决老师们课程目标与教材对接不准的问题，我们在专家的帮助下梳理出了农科院附小语文教学目标手册，在六个月时间里，我们对课程标准进行深入学习，对学段目标先后梳理细化 12 次，年级教研组讨论 15 次，校级教研 7 次。在一次次学习梳理讨论中，我们更为深入地理解了课程标准，同时通过将课程标准与教材内容进行对接，也较为深入地理解了北师大版教材的编写意图。

目标清晰了，接下来就是如何向着目标前进。在 2015 年，北京市出台了关于课程改革的文件，关于综合实践类课程的开发成为各个学校探讨的焦点。这一改革并非空穴来风，它更多地指向学生在综合情境中，创造性地运用所学，解决生活实际问题的能力。这是一场教与学方式转变的革命，对于每一位语文老师来说都是一个巨大的挑战。在这样的情况下，北京教育学院陈晓波老师带领的“小学语文体验性活动链单元学习研究工作室”为学校语文教师的专业发展注入了源源不断的力量。“体验性活动链”这样一个新的名词从此在我们耳边不断地回响，各个教研组开展了基于整单元的“体验性活动链”教学设计与实施的研究。

一、制定合理的教研机制，推进课题稳步发展

1. 以教研组为单位，整体推进课题进程

课题的稳步推进需要合理的教研机制做保证。农科院附小在进行这一改革的过程中采取的是以教研组为单位，全面推广，秉持一个都不掉队的原则，保证所有老师都参与课堂教学的改革。教研组长身先士卒，率领组内业务能力强、勤奋好学的老师组成核心成员，带动组内教师一起前行。每月一次的集体教研是大家进行“体验性活动链”教学设计与实施的固定研讨时间。主备单元的负责教师介绍基于这一理念下的整体设计思路，所有教师提供修改的参考意见，完善教学设计。下一次的集体教研，留出 10 分钟左右的时间，让大家分享这一单元实施过程中的亮点与不足，为进一步完善设计做准备。如此循环往复，每一学期能有 3~4 个精品单元产生。随着课题的推进，优秀的教学设计也越来越多，为今后教师的备课提供可参考的资料。

此外，为了促进组内不同年龄阶段教师的研究积极性，学校还开展了自主约课的教研模式。自主约课就是组内教师自主邀请研究伙伴一起听课评课，授课教师进行自我反思，听课教师完成听课反馈意见。在这个过程中，不同年

龄、水平的教师的专业能力都得到了提升。

为解决农科院附小校区多、跑校听课不便的现实问题，教学服务部还与后勤服务部进行了现场直播的新型教研模式的探索，效果非常好。

2. 核心团队发挥引领示范作用

为更好地推进课题研究，语文团队成立核心研究小组，每月召集一次核心组活动，组织大家抓住主要问题进行探讨。陈铮、陈晓波老师带领着大家会对核心成员的研究课或者教学设计基于“情境的真实性”“活动的关联性”“目标的准确性”等问题进行开诚布公的研讨。

此外，为了促进语文教师的自我反思意识，每一位核心组成员一学期都要上一次研究课，课后除了完成一份反思之外，还要进行课堂实录的撰写，并依据实录进行批注式的分析。也正是采用了这种自我剖析式的学习方式，核心团队的教师成长非常迅速。目前学校语文核心团队的教师以“体验性活动链”为理念所参与的市、区、学区级说课、展示课的佳绩频传。

二、几经坎坷，只为找准真问题，对症施良药

第一阶段：整合多种学习任务，完成学习单式的设计。

语文学科的探索并非一帆风顺。老师们以学生的“学”为出发点，曾经设计过教师版、学生版的学习手册。这份手册包含学生进行单元学习的目标，包含各篇课文所要完成的学习任务，大家希望整合以往的练习、测试以及课堂上所需要的任务单，但是我们也会发现，学生的课堂任务过重，教师的备课不具有指导性。所以大家最开始的初衷——以学生的学为主的课堂，并未得到落实。

第二阶段：基于学生认知编排学习资源，进行单元整体设计。

这一阶段的研究，在单元整体推进方面表现比较突出。两位专家引领我们以单元主题为线索展开的综合性学习活动也异彩纷呈，石头展、创意邮票展、民族之花发布会、玩具总动员、少年旅行团等学生喜闻乐见的活动不仅培养了学生的团队意识，还促进了语言在实际情境中的运用，可以说是人文性与工具性得到了生动的体现。

但是在进行设计的过程中发现，部分教师基于单元整体进行单课时设计的意识不够，目标把握不够准确，文本解读不够深入，学生实际会的内容耗时太多，真正需要下功夫的却很少涉及。此外，学习活动追求外在的形式较多，而

落实在语言文字上少的问题依然存在。

第三阶段：从学生的实际需求出发，找准目标，寻找单元整体设计的思考路径。

在前一阶段问题的梳理过程中，专家带领着老师们从单元主题意向到编者意图，从人文性到工具性的梳理，从学生已知未知到可能学会等情况进行了细致的分析，为更好地把握单元目标、篇章目标做好前期准备。经过反复的实践检验，我们最终形成了如下单元设计思考路径。

（一）备教材，体会教材如何贯彻课标	
1	回顾学期目标卡
2	熟悉教材单元内容： A. 主题意向・教材编写者设计本单元的意图 B. 选文・综合性活动内容的编选意图及教材编排顺序意图 C. 单元内容的学习资源
3	读懂单元（或课时）学习目标（参考教参 + 已经积累的单元设计）
4	读透课文： 细读课文，在内容理解、表达方式等方面的教学点是什么？ 统观单元，可以整合的吐白、金钥匙等有哪些？ 与本课学习相关且可利用的资源？
（二）备学生，明确学生学习发展路径	
1	根据本班学情，在单元（或课时）学习目标中，筛选出学习重点、难点
2	根据本班学情，在单元（或课时）学习目标中，就每一个学习要点，思考学生的学习起点以及能够通过本节课学习达到的学习结果（最近发展区）

3	根据本班学情，在单元（或课时）学习目标中，就学习难点，思考学生可能存在的误解以及学习优势
最终确定的学习目标： 学生将…… 学生将…… 学生将……	
（三）备流程，细化体验性活动链教学设计	
哪些学习体验能够帮助学生达到预期的结果？基于课文与生活，可以创设哪些情境？ 哪些表现性任务或证据能够表明学生达到了预期结果？ 整节课按照几个步骤（活动）逐步达成目标？这几个活动能否构成“链”？（活动链） 每一步，依托课文中的哪些内容？需要学生达到的具体学习要求是什么？（做什么？怎么做？做成什么样）老师需要为学生提供哪些具体的指导或帮助？	

三、初见硕果，再接再厉

目前，农科院附小语文团队已完成每一学期学生版学习目标的编写，并已试用两年；完成北师大版二年级至六年级每一学期六个精品单元的设计。近两年来，农科院附小还尝试采用终结性与过程性评价相结合的方式对学生的学习进行指导与反馈。

以“体验性活动链”为理念参与市级说课获得一等奖的有两名教师，获得区级一等奖的有三名教师，获得学区级特等奖的有两名教师，一等奖三名教师，目前正在准备进行区级世纪杯展示的教师还有两名。可以说不同层次的教师在研究的过程中，都在以学生的“学”为前提，提升自身对教材的二次开发能力，以及对课堂的引领能力。

回顾近五年的实践探索，我们也惊喜地发现老师们在这个过程中积累了不少典型教学设计和教学反思。如今，将这些在实践探索中凝练出的文字结集出版，是对过去五年学校语文校本教研的总结，更是激励老师们在课堂教学中继续秉持以学生的“学”为本的教学信念！我们相信：坚定地行走在语文教学研究的道路上，坚持以课题研究助力教师专业发展，必将有更多的教师从优秀走向卓越！

刘　芳
中国农业科学院附属小学

目录
Contents

作为学习资源与学习过程的“真实体验”

——《比尾巴》教学设计

中国农业科学院附属小学　吴婷婷

以统编版小学语文教材一年级上册“想象”单元中的主体课文《比尾巴》为例，本教学设计着力实现教材内容与课外资源的有机整合，引导学生在一系列体验性活动中学习语文，积累语言。

一、教学背景分析

一年级是小学的起始阶段，也是激发学生学习语言文字的兴趣，养成良好学习习惯的基础阶段。我们在书本学习与生活之间架起桥梁，利用身边资源，从而达到激发学生学习兴趣的目的。

（一）教材分析

为了使学生尽快适应语文的学习，拉近学习与生活之间的距离，统编版小学语文教材重视将课内外进行有机的结合，引导学生通过观察自然，生活体验来进行学习，从而达到积累识字和乐于表达的目的。《比尾巴》是一年级上册第六单元的第二篇主体课文，这是一首读起来朗朗上口，同时非常富有儿童情趣的小诗，在一问一答之间，引导学生学习语文，易于激发学生的学习愿望。

1. 课文内容解读

《比尾巴》出自著名儿童文学作家程宏明笔下。小动物是孩子们最亲近的朋友，这篇课文通过三问三答的对话形式，在游戏般轻松的问答之间，介绍了六种小动物尾巴的特点：猴子的尾巴长，兔子的尾巴短，松鼠的尾巴好像一把伞；公鸡的尾巴弯，鸭子的尾巴扁，孔雀的尾巴最好看。课文的插图，生动形象地展示了六种动物的尾巴，这些图片可以给学生直观的感受，便于他们了解动物尾巴的特点，理解课文内容。小诗朗朗上口，简明易懂，极富儿童情趣的语言，能激起学生朗读的欲望，还能引起学生观察其他动物尾巴特点的兴趣。

这首诗以对话的形式，介绍了六种动物的尾巴，根据问题与回答，可以把课文分成两个部分，第一、第二小节是第一部分，通过三问三答介绍了猴子、兔子、松鼠尾巴的特点。第三、第四节是第二部分，同样通过三问三答，介绍了公鸡、鸭子、孔雀尾巴的特点。小诗以儿童的视角，对自然界的生灵进行了生动的描绘，表达了学生对自然、对生活的热爱。每一次提问都是“谁的尾巴X？谁的尾巴Y？谁的尾巴Z？”连续提出三个问题，引发学生的思考。接下来的小节就以“……的尾巴X。……的尾巴Y。……的尾巴Z。”来回答上面的提问，就像在对歌一样。小诗来回虽然只有短短的两个问答，但是结尾给人一种戛然而止、意犹未尽的感觉，适合引导学生结合生活当中的观察进行仿说和拓展。

全文句式整齐，富有节奏和韵律，读起来朗朗上口。

2. 单元编排意图

“想像”单元，意在借助儿童丰富的想象，通过对学生生活中一些现象进行生动描摹，从而激发学生对自然、对生活的热爱。聚焦“想象”这一主题，本单元总共编排了五篇课文：作为主体课文的《影子》《比尾巴》《青蛙写诗》《雨点儿》以及语文园地中的“和大人一起读”《谁会飞》。《影子》是一首以生活现象为题材的儿歌，充满童真童趣，写出了影子与人形影不离的特点，表达了作者对影子的喜爱。《比尾巴》用问答的诗歌形式，介绍了动物尾巴的不同特点，激发了学生热爱动物，热爱自然的思想感情。《青蛙写诗》把池塘里的美丽景物，蝌蚪、水泡泡、水珠拟人化，并把它们生动准确地想象成逗号、句号和省略号，从而组成了一首生动有趣的小诗。《雨点儿》也用拟人化的手法，通过大雨点和小雨点儿的对话，讲述雨点儿从云彩里飘落下来后，大地发生的变化：不管是有花有草的地方，还是没花没草的地方，都变得更加美丽。《谁会飞》也用一问一答的形式，介绍了动物们的活动方式。四篇课文，体裁各异，内容不同，却从不同的维度，表现了想象的魅力，在生活与语文学习之间架起桥梁。

此外在“语文园地”中，我们也可以看到这样的安排，“展示台”中引导学生交流在生活中从街道两边的招牌上认识的字，让学生体会到识字的成就。“日积月累”中古诗《古朗月行》节选，通过体会诗中丰富的想象和蕴含的神话传说，表现出月亮的诗意和美好。也是借助丰富的想象，在生活当中司空见惯的事物和语言文字的学习之间产生联系，从而帮助学生更好地学习语文。

3. 能力要点分析

《比尾巴》所承载的能力要点需要从识字、朗读、口语表达三个方面进行分析。一年级学生在识字方面应该“喜欢学习汉字，有主动识字的愿望”和“学习独立识字”。在阅读方面，可以做到“认识课文中出现的常用标点符号，在阅读中体会句号、问号所表达的不同语气”。在口语交际方面，能够“简要讲述自己感兴趣的见闻”；“积极参加讨论，敢于发表自己的意见”。

具体而言，在学习这首小诗的时候，需要充分发挥学生自主学习的兴趣，让学生进行自主识字。同时，鉴于学生对小动物的喜爱，可以引导学生在生活当中拓展识字。借助诗歌“比尾巴”的情境，进行拓展性的语文实践活动。在每个学生心目当中，都有他们最喜欢的小动物和最独特的尾巴，这样的活动正好给学生搭建了一个学语文、用语文的平台。

总之，学习《比尾巴》这首小诗时，我们可以以生活为依托，借助课本的语言样例，通过丰富的想象，让学生学习语言，运用语言。

（二）学情分析

识字、仿说是本节课主要的教学任务，因此学情分析主要从学生独立识字以及仿说这两个方面展开。

1. 学生独立识字的基础

对于低年级的语文教学来讲，重中之重毫无疑问是识字写字了。本课中的生字对学生来讲并不是特别困难，我们可以分成几类来进行识记。“兔”“猴”等，是小动物的名字，借助课文的插图，学生可以很容易地认识；“伞”“尾”可以借助字的形态，根据字理识字；“长”“短”是一组反义词，可以把它们放在一起识记，让学生结合生活说一说“哪些东西长？哪些东西短？”。其实这些方法，在之前的语文学习当中，学生都已经学过了，所以我们还可以创设条件，让学生们在生活当中运用这些方法，自主识字。

具体到《比尾巴》这一课，在课前，我们首先对学生识字的方法进行了一个小测试，从而掌握学生识字方法的使用情况。从测试结果分析来看，虽然我们现在的学习已经进行到了第六单元，但是因为一年级的学生刚刚入学，所以对识字方法的掌握并不是十分乐观。通过对结果的分析，我们发现，学生最经常运用的识字方法是借助图画或者实物，占到了86%；其次是借助拼音以及问同伴或老师。可见，在生活当中借助实物进行识字，对学生来讲难度低、易操作、效果好。所以在本课的实践活动当中，我们鼓励学生走出课堂，去动物园当中认识小动物的名字，从而达到独立识字的目的。

2. 学生仿说的优势与困难

一年级的孩子非常喜欢小动物，对于奇特的动物尾巴更是兴趣盎然。因为学校旁边就是北京动物园，课外资源丰富，对于动物的尾巴是什么样子，他们在生活中也积累了一定的常识，这些有利因素为本文的教学奠定了坚实的基础。

但同时我们也应该认识到，对于一年级的学生来讲，能够把动物尾巴的作用和特点说清楚，还是有一定的难度。需要学生进行细致的观察，还要适当查找资料或者询问家长，才能够搞清楚动物尾巴的独特之处。同时，仿说也不同于口语化的介绍，需要学生首先明白诗歌表达的特点，才能够根据诗歌的格式，进行语言的整理和加工。

二、教学目标的确定

依据教材分析与学情分析，本课的教学目标确定如下。

（1）认识“比”“尾”等11个生字和提手旁、八字头两个偏旁，会写“尾”字。

（2）朗读课文，读好问句的语气，背诵课文。

（3）模仿课文，一问一答的形式做问答游戏，积累语言表达。

教学重点：读好问句，理解小动物尾巴的不同特点。

教学难点：模仿课文，一问一答的形式做问答游戏，积累语言表达。

【设计意图】教材是教学的重要依据，但教材并非是唯一的。教师要从学生实际出发，创造性地使用教材，使之成为有利于学生独立思考、自主探索、合作交流的活材料。这样，才能使课堂充满生命的活力。

三、学习活动与设计意图

基于教学目标，本节课的教学活动及其设计意图如下。

课前准备活动：观察动物的尾巴。

（1）观察小动物尾巴的不同作用，挑选最喜欢的。

（2）制作小动物的尾巴名片（一面画尾巴，一面写动物的名字）。

【设计意图】结合本课教学时的实际需要，以任务驱动引导学生走进动物园，留心观察，认真体验，唤起学生对小动物尾巴的兴趣，在制作尾巴名片的过程当中独立识字，积累仿说的素材，让“体验”服务于阅读、促进学习。

（一）游戏导入，创设情境（3 分钟）

1. 借助图片、视频等展示动物形态各异的尾巴

2. 宣布动物王国要举行“比尾巴”大赛，板书课题，指导“巴”读轻声

【设计意图】根据学生的年龄特征，依据教材的特色，在教学活动一开始就借助游戏，在愉悦的氛围中，导出课题——比尾巴，使学生初步感到上语文课是快乐的，拉近了师生之间的距离。

（二）初步感知，选手见面（5 分钟）

1. 自己读课文，运用学过的识字方法认识生字

2. 同桌指读生字表，检查

3. 交流识字方法

4. 游戏巩固识字

第一组：参赛选手都有谁？出示小动物的名称。

第二组：借助帮选手小猴子过河的游戏，学习其他词语。

【设计意图】始终让学生在创设的比尾巴大赛的情境中学习，学习生字是为了认识比赛的选手，宣布成绩。在这个过程中，引导学生发现字形的特点，

寻求识字规律。

（三）精读文本，开始比赛（10 分钟）

1. 宣布第一场比赛开始，指导学生读好问句

谁的尾巴长？

谁的尾巴短？

谁的尾巴好像一把伞？

2. 模拟狮王宣布比赛结果，理解句子

预设 1：猴子的尾巴可以卷在树枝上，帮助它跳跃，所以特别长，还有劲。

预设 2：兔子的尾巴特别短，都看不见，以为它没有尾巴呢。

3. 宣布第一场比赛开始，指导学生读好问句

谁的尾巴弯?

谁的尾巴扁?

谁的尾巴最好看?

4. 模拟狮王宣布比赛结果，理解句子

预设 1：燕子的尾巴很扁，像个小片片。

预设 2：孔雀的尾巴最漂亮了，还有白色的呢，张开的时候特别美!

【设计意图】问句朗读教学是本文的教学难点。引导学生回忆生活中的问话，在此基础上学习朗读问话。把全文的六个问句进行集中起来练习，打破了课文的顺序，再由问到答，然后进行一问一答练习。

（四）朗读课文，宣布结果（3 分钟）

1. 学生自由练读自己最喜欢的小节

2. 男女生对读、师生合作朗读，背诵

【设计意图】在朗读感悟的环节，注重对学生读书语气的指导，通过学生读文，自己明白比尾巴大赛的结果，使学生体验到一种成功的喜悦，并且通过生生互动，师生互动的朗读练习，加深学生对课文内容的理解与内化。

（五）学以致用，升级比赛（15 分钟）

1. 学生交流自己代言的小动物名片

预设1:（出示尾巴的画）我介绍的小动物尾巴很丑，但是有个很神奇的地方，就是它的尾巴折了还可以长出来，你们猜是谁?（出示名字）请大家跟我读——壁虎

预设2:（出示尾巴的画）我介绍的小动物尾巴很美丽，我觉得比孔雀的还要漂亮，就像一件纱裙，你们猜是谁?（出示名字）请大家跟我读——金鱼

2. 模仿课文中的问答形式进行仿说

预设1：谁的尾巴卷？猪的尾巴卷。

预设2：谁的尾巴断了还会长？壁虎的尾巴断了还会长。

3. 组合成诗，体会诗歌结构的特点

【设计意图】创设比尾巴的游戏，为学生学习语言运用创设情境，在“代言”体验中学习语言，达到适切的深度学习，把我们的语文课变成生动的语文实践活动体验。这节课既巩固文本又锻炼了口语表达，在“比尾巴”大赛的情境中，学生全情投入，兴趣十足。

（六）学写生字 指导书写（4分钟）

1. 指导书写“巴”

2. 指导书写“把”

【设计意图】一年级写字也同样重要，本课中“巴”“把”有相似的部分，我们把两个字放在一起，让学生体会独体字与左右结构的字在写的时候有不同之处，养成学生动笔之前先观察字形的好习惯。

四、学习效果评价及说明

配合学生,“我为……尾巴代言”的活动，设计了生生互评。

评价标准	评价效果
1. 声音洪亮	☆ ☆ ☆ ☆ ☆
2. 尾巴的特点清楚	☆ ☆ ☆ ☆ ☆
3. 动物的名字正确	☆ ☆ ☆ ☆ ☆

借助这个评价，首先鼓励一年级的学生能够大胆说出自己最喜欢的小动

物，在台上讲话的时候可以声音洪亮，获得表达的自信。其次是能够把自己所介绍的小动物尾巴有什么特点介绍清楚。同时为了帮助学生进行课外的拓展识字。我们还要求学生在名片的背面，把小动物的名字，正确的书写出来，并带着大家一起来朗读。在这样真实的情境当中，相信学生会记得更加清楚。

五、教学反思

不得不承认，文本学习的内容与我们选择何种活动有着天然的联系。这首小诗在情趣盎然间，介绍了小动物尾巴的特点。提起可爱的小动物，不喜欢的学生寥寥无几。于是，我在课前、课上分别设计了不同的活动帮助学生学习。

课前，为学习课文而要求学生有意识地去体验（观察、制作），这是让“体验”服务于阅读、促进学习，此时“体验”是学习资源。利用临近北京动物园的优势，我让孩子们去动物园观察小动物的尾巴什么样，有什么作用，从而获得直接的体验。帮助学生理解松鼠的尾巴是蓬松蓬松的，站着的时候还会竖起来，就像一把伞；孔雀的尾巴简直美得像绸缎，等等。来帮助学生理解文本内容。同时，学生还需要观察其他小动物尾巴的样子和作用。现在的观察一定不再是走马观花式的一掠而过，而是需要“三看”。所谓“三看”，就是“一看”尾巴的形态，思考像什么一样？“二看”尾巴的功能，思考可以做什么？“三看”尾巴的特点，思考有什么不同之处？此时，多通道、多途径地让学生去感受，去积累素材。

课上，创设比尾巴的游戏，为学生学习语言运用创设情境，在“代言”体验中学习语言，达到适切的深度学习，此时“体验”是学习过程。为了使学习更加有趣，我在上课时，就创设了一个动物王国要举行“比尾巴”大赛的情境。学生从词语掌握、课文学习都是在比赛的气氛中进行的，诗歌学习起来就非常吸引人。 课文学习的高潮是在“加时赛”，“比尾巴”大赛被进一步拓展，学生们纷纷为自己喜欢的动物尾巴代言。课前的观察是材料，文本表达是工具，既拓展知识，又习得语言，这样的活动贯穿课内外，时刻调动着学生的兴趣，使语文学习更加有趣。

真情境引发真问题，真体验生成真情趣

——《一粒种子》教学设计

中国农业科学院附属小学　刘梦璐

以北师大版小学语文教材一年级下册“植物”单元中的主体课文《一粒种子》为例，本教学设计着力实现随文识字中，通过理解词句，引导学生在一系列体验性活动中唤醒生活经验，从而促进对课文内容的理解。

一、教学背景分析

经过一个多学期的学习，一年级下学期的学生初步掌握一些独立识字方法，可以在学习新课时尝试独立识字。

（一）教材分析

1. 课文内容解读

《一粒种子》是北师大版一年级下册第四单元“植物”中第二篇主体课文。作者通过拟人的手法，以第三人称的角度生动形象地描写了种子在泥土中通过自己的努力和外界的帮助最终破土而出的过程。

全文共九个自然段，通过四个“挺一挺”将种子从萌发到破土而出的过程分为四个部分：第一层写一粒种子睡在泥土里，春日暖阳让种子觉得很暖和，种子睡醒了过来。“暖和”一词暗指春天到来，说明种子的发芽需要温度，需要阳光的帮助。第二层写种子喝了水，很舒服，挺了挺身子。而泥土中的水分从大自然中的雨水得来，侧面说明种子的发芽需要雨露的滋润。第三层写种子和蚯蚓的对话，“我来帮你松一松土，你好钻出去。”蚯蚓的话说明了种子的发芽需要空气，蚯蚓的松土有着重要的作用。第四层写春天热闹的景象，让小种子有一定要破土而出的强烈愿望。通过自己的努力，最后一次挺一挺，终于钻出了地面，“啊，好个光明的世界！”写出了种子的兴奋、惊讶和对春天的赞美。全文通过拟人的手法，从小种子的角度讲述它一步步生长的过程，生动有趣，充满了活泼的童趣。

2. 单元编排意图

本课是北师大版语文一年级下册第四单元的一篇主体课文。第四单元以“植物”作为单元主题，安排了儿童诗《老树的故事》和科学童话《一粒种子》两篇主体课文。在语文天地中，安排了积累偏旁等语文实践活动、一篇儿歌《一首唱不完的歌》以及综合实践活动“植物观察记录”。从单元整体来看，本单元的主题对于学生来说十分熟悉，在生活中经常能够见到各类的植物。《老树的故事》作为开篇，通过生动有趣的语言，用轻快的诗歌激发学生探索自然的欲望和兴趣。而《一粒种子》用儿童化的语言向学生介绍种子在土壤中的变化，这部分内容是学生在生活中不曾观察和了解的，是学生学习的难点。语文天地中的综合实践活动要求学生学习写植物观察日记，这就要学生有亲身的种植体验，并在过程中仔细观察，完成记录。这一内容正好可以解决《一粒种子》这篇课文内容学生难理解的问题。而对于种子发芽之前的变化，学生无从观察，记录中全部是空白。这正是学生学习的难点，而《一粒种子》中介绍的内容正是种子在泥土中的变化，能很好地解决学生的学习难点。于是这两部分十分适合进行整合，提前布置种植活动，结合语文天地指导学生记录种子观察日记。而《一首唱不完的歌》中的内容，介绍了植物从种子到发芽、开花直到结果的整个过程，与综合实践活动相契合，因此，可将这首儿歌融入教学内容中，作为整个教学的收尾。

3. 能力要点分析

《一粒种子》所承载的能力要点需要从识字、阅读两个方面分析。

一年级下学期的学生在读文时，应该能够独立使用拼读、听读等识字方法解决部分生字，能“掌握常用部首”，并通过部首表示的意思识字，能“借助汉语拼音认读生字”。

而阅读方面，学生要“结合生活实际了解课文中词语的意思”“能借助读物中图画阅读”“阅读浅近的童话、寓言、故事，向往美好的情境，关心自然和生命，对感兴趣的人物和事件有自己的感受和想法，并乐于与人交流”。在本册书第二三单元的金钥匙中，也学习了阅读的方法，“插图可以帮助理解课文内容，读书时要留心看看插图”“一边阅读，一边想象，读起课文来特别有意思。”本课中，几幅插图都十分适合帮助学生理解课文，而课文内容浅显易懂，拟人的手法介绍也适合学生联想和想象。

（二）学情分析

本课重点任务是随文识字，以及在此基础上的理解词语，读懂课文。因此，学情分析从识字和阅读理解两方面展开。

1. 学生独立识字的基础

通过一个多学期的学习，本班学生已经掌握了拼读识字和借助偏旁识字等方法，在学习过程中，能够主动、乐于使用识字方法独立识字。但在识字过程中，一些生活中不常见的汉字，还需要老师的指导。一年级的学习重点是识字，但一些生活中的常用字，学生在生活中早已认识，因此老师的课堂教学应有重点的指导，放手让学生尝试用学过的方法独立识字，锻炼学生的识字能力，找出学生识字难点，重点，指导即可。

通过前测分析，本课出现的生字是生活中常见的汉字，学生们有了一定识字基础，独立识字不难。但像“喝”“渴”这两个形近字，有部分学生容易混淆。多音字“和”在前测时，不少同学读成了轻声“he”，因此以上两点作为本课的教学重点。另外，汉字是音形义的结合，在学习过程中不应割裂开，因此随文识字尤为重要。

2. 学生理解课文内容的具体困难

在《义务教育语文课程标准（2011 年版）》中指出应“让学生在主动积极地思维和情感活动中，加深理解和体验，有所感悟和思考，受到情感的熏陶，获得思想启迪，享受审美乐趣。”本班学生通过初读课文，能够读懂课文讲述的种子萌芽过程。但是对于课文中承载的对于体会生命的伟大力量、感受自然对生命赋予的帮助、热爱自然等含义理解，还不能体会得很深刻。想要让学生能够和小种子产生情感的连接，有共鸣体会，就需要让学生有类似的体验感受。所以，缺乏真实生活体验是学生深入理解课文的一个困难。

其次，课文中“温暖”“舒服”等关键词语的理解也能够帮助学生体会种子的感受，因此理解重点词语，链接生活体验，是本课需要帮助学生达到的目标。

二、教学目标的确定

依据教材分析与学情分析，本课的教学目标确定如下。

（1）在交流种子日记的活动中自主识字；运用拼读、听读等方法自主认识“喝、渴”等 12 个生字，掌握多音字“和”，会写“赶”字。

（2）在正确、流利朗读课文基础上，感受种子在生长时的心情，并有感情地朗读课文。

（3）结合自己的种子体验和文本内容，感受生命的伟大力量，产生对大自然的热爱之情。

学习重点：

（1）在交流种子日记的活动中自主识字；运用拼读、听读等方法自主认识“喝、渴”等 12 个生字，掌握多音字“和”。

（2）在正确、流利朗读课文基础上，感受种子在生长时的心情，并有感情地朗读课文。

学习难点：结合自己的种子体验和文本内容，感受生命的伟大力量，产生对大自然的热爱之情。

【设计意图】基于学情测试，部分学生对于形近字的区分和多音字的辨析容易出现错误，因此教学重点确定为“自主认识‘喝、渴’等生字，掌握多音字”以及在解决生字的基础上正确流利朗读课文，这也是后面深入理解课文的基础。考虑到本节课学生的理解困难在于缺乏真实生活体验，于是在课前布置了“种种子”的活动，目的是为后面理解课文提供生活经验和情感体验。教学难点确定为“感受生命的伟大力量，产生对大自然的热爱之情”。

三、教学活动与设计意图

基于教学目标，本节课的教学活动及其设计意图如下。

课前预备活动：种种子并做种子观察记录。

（1）种种子。

（2）观察种子生长变化，并做观察日记。

【设计意图】在一年级下学期开始时，学校以开展了“我与植物共生长”的主题实践活动。通过真实有趣的活动，促使学生留心观察，认真体验，唤起对植物的热爱之情，为课文学习创设真实情境做铺垫。另外，在活动过程中，通过观察学生的种植日记，以及搜集学生对种植过程中产生的疑惑，老师捕捉学生学习中的真实问题，由真实问题聚焦学习目标。即“真情境引发真问题”。

（一）回顾课前活动，明确学习目标（5 分钟）

（1）认种子名称。

（2）介绍“我”为种子做的事情。

（3）分析观察日记，明确本课学习目标。

【设计意图】通过回忆种子名字、为种子做的事、回顾观察日记，一系列的活动唤起学生对植物的热爱之情。在活动中，通过生生合作等方式，让学生为大家介绍自己的小种子，也增强了学生对植物的喜爱、自豪之情。同时在最后分析观察日记中出现的问题，也让学生明确了本课的学习目标，激发了学生自主学习的动力，也为课文学习创设真实情境做铺垫。

（二）初读课文，自主识字（4 分钟）

1. 标段、并对照课件订正
2. 学生自读课文，自主识字
3. 两个人共读一本书，指读课文。并检查后面的认字、写字表

【设计意图】一年级下学期的学生有自主标段和初读的能力，学生通过看拼音、形声字等方法自主识字，能初步解决课文生字词问题。再通过生生互查、互助的形式进行读书检查，可以有效检查学生生字问题。老师在学生集中出现的错音问题上重点指导即可。

（三）感悟课文，随文识字（18 分钟）

1. 自读思考：种子有变化吗？有哪些变化？

（1）读词语“挺一挺”。

（2）在课文中找出一共几次挺一挺。

【设计意图】引导学生找出本文中关键词语“挺一挺”，文中的四次“挺一挺”引领全文，既是种子不断生长的关键词语，更是整篇课文的情感关键。

2. 读中感受、巩固识字

（1）学习课文第一自然段，理解第一次“挺一挺”的原因。识记多音字“和”。

（2）学习课文第二自然段，理解第二次“挺一挺”的原因。区分形近字“渴、喝”。

【设计意图】在学习课文的同时解决本课识字重点，随文识字。同时，不断唤醒学生真实的种植经验，激发学生对小种子的热爱之情，这种纯真的情感激励着学生在阅读中探究，结合文章内容一同学习，更易理解。通过老师的话语，让学生知道小种子因为晒太阳、喝了水而不停地挺一挺，而每一次小种子挺一挺都是接受了外界的帮助，尤其有“我们”的帮助，它才不停地生长，将人与自然的生命紧密结合。

（3）学习课文三至七自然段，理解第三次“挺一挺”的原因。

——读种子和蚯蚓的对话；

—— 同学和老师接读；

—— 同桌两人分角色读；

—— 谁读出了种子现在是什么心情？

【设计意图】学生通过自读课文内容，知道了第三次挺一挺的原因是因为有蚯蚓的松土。而后同桌分角色互读，让学生转变角色，以小种子的角度思考种子的心情。情感激发后的角色体验，学生入情入境，很自然地就成为那粒小种子。伴随着真体验、真情感，学生一次次走进课文的字里行间，在充分的朗读中，激发出更丰富的情感体验。体会到了小种子此时急切想要钻出地面的心情。在理解种子心情后，再次朗读，达到有感情地朗读目的。

（4）学习课文八、九自然段，理解种子最后一次挺一挺。

——学生读课文第八自然段；

——听音乐，你听到了什么声音？

——理解“热闹”含义；

——有感情地朗读课文第八自然段。

【设计意图】通过音频，学生更真实地听到外面世界的众多声音，更好地理解“热闹”一词，实现在情境中随文识字。并且能有感情地朗读课文。

（5）学习第九自然段

——展开想象，你看到了什么？

——大声朗读；

——出示学生笑脸的照片，小种子第一眼会看到谁？

——有感情地朗读课文。

【设计意图】通过结合生活实际想象，学生体会到种子看见外面世界的兴奋。在老师出示学生照片之后，激发学生对种子的喜爱之情，使课文内容与学生生活真实体验连接，让学生更深刻体会种子的感受，并有感情地朗读课文。

（四）学习效果检测（3 分钟）

1.“帮助小种子发芽”游戏复习生词

2.“我发芽啦”游戏复习生字

3. 加上动作，有感情地朗读课文

4. 指导种子观察日记的修改，加入种子的感情和在土壤中的变化

【设计意图】由于一年级学生的年龄特点，经过了几十分钟的学习，学生的注意力在此时会有所下降，因此结合本课创设的真实情境设计好玩有趣的活动，不仅使学生的学习体验有连续性，情境也是一脉相承。随文识字之后的集中复习巩固也别有情趣，也更进一步地调动了学生学习积极性。最后，回顾本课学习目标，学生通过一节课的学习，解决了课初的学习难点。

（五）拓展延伸（1 分钟）

学习语文天地中的儿歌《一首唱不完的歌》。

【设计意图】语文天地中的《一首唱不完的歌》，恰好介绍了植物从种子到发芽、开花直到结果的整个过程，与综合实践活动相契合，于是将这首儿歌融入教学内容中，作为整个教学的收尾。使学生始终在情境中学习，也有效将单

元内容进行统一，也让孩子带着饱满的情感诵读，唤醒懵懂的生命意识。

（六）写字指导（4 分钟）

1. 指导书写“粒”“种”
2. 回顾两个字结构特点及关键笔画
3. 学生书写，教师指导

四、学习效果评价及说明

1. 多种手段，情境内趣味识字

通过帮助小种子发芽的形式，增强学生学习动力。在帮助小种子发芽、长高之后，学生充满了满足感、自我价值实现感，也让学生体会到人类帮助自然生长的快乐。

通过有趣的游戏方式，激励学生与他人合作，积极参与讨论，敢于发言。并且在合作检查字音时，提高学生倾听、合作能力。

2. 加上动作，有感情地朗读课文

通过学生的动作，可以很好地检测学生对课文内容是否了解。并且通过自己扮演小种子，更能让学生体会种子的心情，增加对植物的喜爱、热爱之情。

3. 链接生活，注重语言的运用与迁移

回扣本课最初与学生共同发现的学习目标，将所学内容指导和运用到实际问题中，学有所用。同时目标的达成也激励了学生自信心、学习动力。

五、教学反思

本课将单元整合设计与学校德育活动统整，在真实情景中的真实活动体验中，发现真问题，由真问题聚焦学习目标。通过对单元的整体分析和设计之后，教师的教学内容更加丰富，并且相互支撑。在学校德育活动——种种子活动过程中，通过分析学生的种子观察日记等方式，老师发现学生的真正问题是对于种子发芽之前的变化无法观察和了解。这是学生学习的难点，而课文《一粒种子》中介绍的内容正是种子在泥土中的变化，有针对性地解决学生的学习难点。因此，老师通过与学生一同分析观察日记作为本课的第一个活动，引导学生找出自己真实的学习难点，并明确自己的学习目标，从而能激发学生的自主学习动力，增加本课的学习效率。

接下来，在入课伊始的交流过程中，通过几个活动，老师帮助学生唤醒种植体验，激发他们对种子的情感，由此切入课文的学习，引发学生探究课文中种子四次“挺一挺”的兴趣。学文中，不断关联真实体验，不断激发真实情感，阅读更有情趣，识字也随文自然推进。

课文学习后，对学生本课学习的学习效果检测也在情境中展开，通过“发芽啦”等一系列的检测活动，与情境一脉相承，设计的游戏环节激发了低年级学生的学习兴趣，使复习巩固高效。

最后，在儿童的诵读中，余音环绕课堂，伴随优美、欢快的音乐，学生审美情趣得到激发，生命意识也被唤醒。

在真实的体验中完整地理解

——《王冕学画》教学设计

中国农业科学院附属小学　孙洪涛

一、教学背景分析

《义务教育语文课程标准（2011 年版）》指出：要运用多种识字方法和形象直观的教学手段，创设丰富多彩的教学情境，提高识字教学效率。低年级的语文教学要在自主阅读的过程中不断巩固识字方法，在阅读和识字的结合中积累词语，丰富情感体验，从而不断提高语文素养。

（一）教材分析

北师大版本的语文教材在第一、第二册中主要渗透了识字方法，在本册教材中又学习了用查字典的方法来认字。《王冕学画》一课在本册的第七单元，由于学生已经积累了多种识字方法，因此本单元要重点学习综合运用多种方法来认识生字。

1. 课文内容解读

《王冕学画》是北师大版教材二年级上册“画”这个单元中的第二篇主体课文，主要写了古代画家王冕小时候学画荷花的故事。文中以“学”为重点、以“画”为线索，写了王冕看“画”、想画、学画以及最后画的结果，表现出他认真执着、刻苦学画的精神。

课文的二、三、四自然段是文章的重点段落。第二自然段通过“鲜艳、清水滴滴、满湖生辉”这些词语写了大雨后荷花的美丽，语句优美，让人感受到了荷花的颜色之美、动态之美，王冕看得出神，产生画荷花的愿望。第三、第四自然段写王冕通过自己的不懈努力，最后画的荷花栩栩如生，表现了他做事肯下苦功、有恒心、有决心。王冕对荷花的热爱是贯穿全文的，这也是他把荷花画好的动力。

2. 单元编排意图

本单元围绕“画”这一主题，共安排了两篇主体课文和一个《语文天地》。《我有一盒彩笔》是一首儿童诗，讲一位小朋友用手中的彩笔画出了美丽的今天和明天的理想。《王冕学画》是一个小故事，讲的是元朝著名画家王冕小时候学画荷花的故事。两篇课文都抒发了热爱生活、追求美好未来的情感。

《语文天地》除了继续指导写字和积累常用部首外，还安排了声旁的渗透性学习，写话方面的练习，指导写留言条，并选编了古诗《惠崇春江晓景》以及成语故事《画龙点睛》。“金钥匙”指导学生在分析字形的基础上写字。

3. 能力要点分析

本课所承载的能力要点主要体现在三个方面。

第一，在本课的学习中，教师应继续培养学生正确、流利、有感情地朗读课文的能力。朗读的指导始终是第一学段语文教学的重点。

第二，认识本课 18 个生字，结合上下文和生活实际理解“古时候”“穷人”“鲜艳”等词语的含义，会写本课 8 个生字。在语境中识字学词，要引导学生积极回忆、运用并巩固已经学过的识字方法。

第三，紧扣课后思考题“王冕是怎样把荷花画好的”，引导学生正确、完整地理解课文内容。王冕能画好荷花，首先是因为他对荷花的喜爱（第二自然段），也与他刻苦练习分不开（第三、第四自然段）。

（二）学情分析

通过课前访谈了解到多数二年级同学并不了解王冕，所以，在教学本课前我先带领孩子大致了解王冕的生平，为后续的学习做好准备。为了进一步拉近学生与课文的距离，我紧扣“学”字，布置学生以“我学 ×××”为题准备课前三分钟的口语交际。每个孩子都有学习的经历，唤醒自己的学习经历，在与课文主人公王冕的对比中，可以更好地理解王冕学画的过程。

就课文的理解而言，在认读层面：前测发现 50% 的学生课前认识本课词语，要在课堂上进一步提高，15% 的学生认识本课部分词语，学完本课要全部会认，35% 的学生认识本课少部分词语，课后要能够认读。

在内容理解层面，对于“王冕是怎样画好荷花的”这个问题，通过课前访谈，我了解到学生比较容易理解王冕是通过自己的不懈努力，最后画的荷花就像真的一样，但很难理解王冕对荷花的热爱才是他克服困难、坚持画画的动力。也就是说，课文第二自然段的理解，是学生的认知难点。如何帮助学生突破这个难点呢？一方面，要紧扣重点词语，借助词语的理解来撬动对课文整体内容的理解；另一方面，需要老师不断地创设情境，引导学生在情境中感悟理解。具体来说，可以结合课前三分钟的内容，启发学生和王冕比一比，找一找自己的学习经历和王冕学画有什么不同。对比中，引导学生发现王冕并不是跟着老师学画，而是被雨后荷花的美丽所吸引，产生了画荷的强烈愿望。而这种对荷花的热爱以及画荷的迫切愿望正是支持他不懈努力的关键。

写字方面，在前测中发现部分学生在写“采”“鲜”时有写错和结构松散的现象，课堂上要进行指导。另外，要在教学中继续培养学生先观察各部件的形状和位置，再动笔写的习惯。

二、教学目标

（1）综合运用多种识字方法，指导学生认识本课生字，书写“鲜艳”两个生字，继续培养学生先观察汉字部件的位置再动笔写的习惯。

（2）正确、流利、有感情地朗读课文，通过看图片、联系生活实际，在情境中感知语言，积累词语。

（3）通过读书读懂王冕观察荷花和刻苦学习的句子，知道王冕画得好是因为喜爱荷花、勤学苦练的结果。

教学重点：

（1）综合运用多种识字方法，指导学生认识本课生字，书写“鲜艳”两个生字，继续培养学生先观察汉字部件的位置再动笔写的习惯。

（2）正确、流利、有感情地朗读课文，通过看图片、联系生活实际，在情境中感知语言，积累词语。

教学难点：

通过读书读懂王冕观察荷花和刻苦学习的句子，知道王冕画得好是因为喜爱荷花、勤学苦练的结果。

三、教学活动与设计意图

课前 3 分钟：介绍自己学习 XX 的经历。

【设计意图】提前布置学生按要求准备口语交际的内容。学生介绍自己的学习经历，可以与即将学习的课文内容对接。课文学习过程中，可以引导学生思考自己的学习经历和王冕有什么不同，从而更好地体会发自内心的喜爱是王冕能够画好荷花的前提条件。

（一）经验对接，初识王冕

引导：刚才，我们交流分享了自己喜欢做的事情，自己的学习经历。今天，我们要学习的课文，讲述的是元朝一位著名画家王冕小时候学画的故事。

生齐读课题——《王冕学画》

引导：王冕是谁？

王冕是元朝著名的画家、诗人、篆刻家，他的代表作品均藏于北京故宫绘画馆。

【设计意图】由课前 3 分钟的内容导入课文的学习，以学生真实的学习经历对接即将学习的“王冕学画”，调动学生的积极性，唤醒学生的学习体验，拉近主人公与学生的距离，为下面的学习做好情感上的铺垫。同时，为引导学生对比自己的学习与王冕学画的不同做好预备，这也是后面突破学生认知难点的关键。

（二）识字学词，走近王冕

活动一：朗读课文，自主识字

1. 自由朗读课文，边读边标好自然段，不认识的字引导学生用学过的方法来解决

2. 同桌合作读文，要求读准字音、读通句子

教师在巡视时将学生认读困难的词语以副板书的方式呈现在黑板上，带领学生进行认读。此时解决同伴互读时遇到的困难。

3. 展示读，每人读一个自然段

【设计意图】本环节以读书作为活动的方式，在读书活动中自主认识生字。在互相检查、合作读文中又培养学生的合作意识。

4. 说一说：王冕学画和你们的学习经历有什么不同？

预设：王冕不是跟着老师学画。王冕是自己主动想画荷花。

【设计意图】问题设计主要是引导学生整体感知课文内容。对比说不同的目的在于引导学生发现：现在一般都是跟着老师学习，而王冕并没有老师。那么王冕究竟是怎样学画的？引起学生探究的热情。

活动二：品读语言　情境识字

1. 引导学生自由读课文第一自然，对小时候的王冕有了哪些了解？

古时候，有个孩子叫王冕。因为家里穷，他只念了三年书，就去给人家放牛。他一边放牛，一边找书来读。

预设 1：王冕家里很穷。

理解“穷”的含义，用“穷”字组词

预设 2：王冕很爱读书。

联系上文体会：家里那么穷苦，可还是一边放牛，一边读书，从中体会出了什么？

2. 在情境中理解重点词语“满湖生辉”“鲜艳”，感受景色之美

（1）王冕眼中的荷花是什么样子的？

（2）学生结合重点词语谈出体会。

相机出示：

大雨过后，夕阳照得满湖生辉。湖里的荷花更鲜艳了，花瓣上清水滴滴，荷叶上水珠滚来滚去。

（3）借助雨后荷花的图片创设情境再次感受颜色鲜艳，水珠晶莹剔透。

（4）通过朗读表达出美的感受。

（5）借助雨后湖面的图片联系生活实际感受满湖生辉的美丽。

（6）指导朗读，读出对荷花的喜爱之情。（板书：喜爱）

【设计意图】“鲜艳”“满湖生辉”是一个比较抽象的词语，即便学生有所感

知但理解起来也还是存在一定的困难。这两个词语恰恰又是王冕产生画荷花愿望的主要原因，所以教学时要运用适当的教学策略引导学生理解词义。考虑到学生的年龄特点，低年级学生以直观形象思维为主，所以在这里我精心挑选雨后荷花和雨后湖面的图片，创设出丰富多彩的教学情景，学生在情境中联系生活实际，感受到雨后的景色简直是美不胜收，同时理解了重点词语的含义，突破了教学的难点。

3. 王冕是怎样把荷花画好的呢？哪些句子让你印象深刻？

相机出示：

王冕用平时节省下来的钱买了纸、笔和颜料，每天把牛赶到湖边吃草后，就专心地画起来。开始怎么也画不好，可是他不灰心。

他仔细观察荷叶和荷花的形状，观察清晨傍晚、雨前雨后荷花的变化。他天天跟荷花在一起，把荷花当成了好朋友。

（1）学生结合重点语句谈体会。

（2）引导学生联系生活实际理解“专心”“不灰心”（板书：专心　坚持）。

（3）引导学生联系上文体会王冕家里很穷，可他还是要节省下来钱买画画的工具再谈体会。

是啊，王冕对荷花的感情已经不是普通的喜爱，而是一种痴迷和陶醉。他已经把荷花当成了自己的朋友，他画的荷花就像刚采来的一样。

（4）出示王冕的作品，谈感受。

（5）再读句子：这样练习画了很长时间，那纸上的荷花就像刚从湖里采来的一样。

【设计意图】通过创设情境、联系生活实际、结合上下文等多种学习策略，引导学生在语境中识字学词，由对字词扎实的理解感受到王冕对荷花深深地喜爱，通过自由读、体会读、指名读等朗读方式引导学生表达出内心的感受。

活动三：回读课文，尝试表达

说一说：王冕是怎样把荷花画好的？

【设计意图】“整体—部分—整体”的阅读过程符合真实阅读的规律。回读之后，鼓励学生试着说一说，一方面是检查学生是否真正理解了课文内容，另一方面，从语言输入到语言输出，丰富了课堂上的语言文字运用实践。如果学生理解得比较好，可以进一步提出要求，即用上“一边……一边……”“……

就像……一样”。

（三）写字指导，体验“专心”

教师指导写“采”“鲜”两个字，写后交流，再次练习

【设计意图】写字是贯穿小学阶段的重点，在这里既给学生足够的写字时间，而且这一环节依然没有脱离课文的情境，老师引导学生要像王冕学画一样的专心才能把字写对写漂亮，从而培养了学生良好的书写习惯。

（四）总结升华，启发反思

王冕喜爱荷花，为了画好荷花，他勤奋刻苦地练习，克服了很多困难，坚持到底。长大以后，王冕成了元朝著名的大画家。对照着王冕小时候学画的经历，同学们再想想自己的学习经历，大家应该怎么做呢？回家后，和爸爸妈妈说说你受到的启发吧！

【设计意图】再次引导学生对照“王冕学画”，反思自己的学习经历，目的在于启发学生像王冕一样因“热爱”而刻苦学习，在学习过程中要专心、有毅力等。要求学生回家和爸爸妈妈说说自己受到的启发，引导学生在真实的生活情境中运用语言。

附：板书设计

王冕学画

喜爱

专心　坚持　仔细观察

四、学习效果评价

1. 词语检测

傍晚　穷苦　刚刚　夕阳　灰心　买来　鲜艳　采来

金钱　荷花　开始　滚来滚去　满湖生辉

通过词语认读评价学生字词掌握情况。

2. 在语境中读准多音字的字音

3. 同桌互相检查：说一说王冕是怎样把荷花画好的

五、教学反思

1. 对接生活经验，唤醒体验，在对比中加深理解

（1）课前预备活动，学生有意识地想一想自己某段具体的学习经历，准备课前三分钟的口语交际。

（2）启发学生联系自己因喜欢而主动学习的生活经验，理解王冕因爱荷而想画荷的强烈愿望。

（3）联系自己的学习经历（正面的、反面的），理解王冕的专心、不灰心、坚持不懈从而引导学生在与王冕学画的对比中，更好地理解课文要表达的意思。

（4）要求学生和父母分享学习课文后的启发，引导学生反思自己的学习体验，在真实的生活情境中练习语言表达。

2. 紧扣课文情境，抓住重点词语，加深理解

（1）抓住重点词语，借助多媒体，在恰当的时机呈现图片，以直观形象的刺激帮助学生更好地理解词语的意思，感受荷花的美丽，从而感同身受地体会王冕当时对荷花的热爱。

（2）指导写字的环节，再次回归课文情境，引导学生在写字中体验“专心”，一举两得，在实践中更好地理解词语的意思。

情境创设激发需求，学文识词助力表达

——《美丽的武夷山》教学设计

中国农业科学院附属小学　万　媛

以北师大版小学语文教材二年级下册“青青的山”单元中的第二篇主题课文《美丽的武夷山》为例。本教学设计围绕着这一主题，创设相应的情境，从而丰富学生的情感体验，积累下丰厚的写作素材，进一步激活探究兴趣，同时以课文为抓手，培养学生的“写话”能力，学习如何介绍自己爬过的山，并进行简单的写话训练，尝试用一句话围绕特点进行具体生动的描写。

一、教学背景分析

对于二年级的学生来说，对于“山”的认识比较少，甚至有些学生没有真实的体验。同时，他们对于自己体验过的事情有兴趣、爱表达，但是表达大多都无重点，偏口语化。因此本课设定的教学重点放在为学生创设情境，让他们真正地拉近与山的距离，学习如何介绍自己爬过的山，并进行简单的写话训练，尝试用一句话围绕特点进行具体生动的描写。

（一）教材分析

学生的生活经历，使他们对于“山”有着初步的感知和认识，但是对于住在城里的孩子来说，缺少深入的体验和经历，如何引导孩子能够入情入境的学习，能够更加具体生动的去描述山的特点，是单元的教学重点。《美丽的武夷山》是二年级下册第五单元“青青的山”中的第二篇课文，这是一篇说明性散文，围绕着武夷山的特点，向我们描绘了武夷山的奇山秀水。课文中采用了比喻和整齐的对句，简洁而明丽，是值得借鉴的写作素材。

1. 课文内容解读

《美丽的武夷山》是北师大版二年级下册的一篇说明性散文，文章以词句描绘了武夷山的奇山秀水。课文主要从山、水、游三个方面表现了武夷山的美，语言简洁明丽。游览武夷山时有“入诗入画”的感觉。在教学时，可以借助图片，运用音乐渲染和配乐朗读等手段，营造和谐优美的氛围，让学生能够入情入境的体会课文内容，感受武夷山美的形象，与此同时可以激发学生兴趣，为之后的课后延伸打下基础。

全文共四个自然段，第一自然段总的介绍了武夷山的位置和地貌，山水环抱是它的特点，一峰一水，峰峰皆有水道如弯弯曲曲的绶带缠绕，那随着九区十八弯的水道蜿蜒回转的整体山脉，形成武夷山的独到之美。

第二自然段主要写出了武夷山的山奇、险。第一句为总起，后面两句是对武夷山奇、险的具体描写。在描写“奇”的时候，用到了“有的……有的……”的排比，还用到了比喻句，让学生更形象地感受到了武夷山的“奇”。第三句则是由面到点，举出了典型的例子大王峰，来让学生体会武夷山的“险”。此段中，让学生了解武夷山“造型奇特、山势险峻”是本段的教学重点，后面的具体描写，哪句话是围绕“造型奇特”来进行具体描述的，哪句话是围绕“山势险峻”来描绘的，需要让学生区分开来，并学习作者这种对特点描写的方法，来把自己爬过的山说具体、说形象了。

第三自然段写出了武夷山的水清、静。第一句交代了九曲溪名字的由来，第二、第三句用了“水很清，清得……”“水很静，静得……”这样顶针的手法，具体说明了这里的水有多清、多静。在描写静的时候，又用了比喻的手法，让读者能够更加形象地感受这里水的特点。这样的方法，在学生在具体描述自己爬过的山的特点时，也是可以借鉴的方法。

如果说第二、第三自然段展现的事无我之境，那么第四自然段“人在画中游”，展现的是有我之境。这一段的五个叠词，读起来朗朗上口，十分富有韵律感、节奏美，“静静”“缓缓”“曲曲弯弯”“轻轻”“徐徐”形象地展现出了在竹筏上游览时，那种悠然自得的状态。对于入诗入画的理解，可以在让学生理解了整篇文章的基础上，配乐听读，再去感受武夷山的美。随着朗读，学生的思维也会随着优美的文字，好像融入了这武夷山的美景中，好像走进了画中一般。

在教学本课时，一定要注意让学生充分读文，通过读书来理解内容，培养情感，积累语言，接受美的熏陶和感染，充分感受文章表现的山水之美，语言之美。

2. 单元编排意图

本单元以“青青的山”为主题，编排了两篇主体课文，第一篇《山寨》是一首充满情趣的小诗，通过描绘山寨路上的景色，真实地再现了炊烟袅袅，绿树掩映，小路蜿蜒绵长的山寨风光。这首诗的语言颇具特色，每一段都是一正一反、一扬一抑地表达上山人急切和欣喜的心情。第二篇《美丽的武夷山》是一篇说明性散文，描绘了武夷山的奇山秀水，文本语言与内容和谐一致，采用了比喻和整齐的对句，用美的语言介绍了武夷山的美丽景色。

语文天地编排了一篇自读课文《看山》，这篇文章的作者是当代作家贺兴安，文章通过回忆小时候远望、仰望名叫“关山尖”的山峰，抒发了浓浓的思乡之情。此篇文章的朗读，可以拉近学生和山之间的距离，引起学生对山的兴趣，从而进一步的去体验山。除此之外，还有一首诗《华山》，这首古诗，是宋朝寇准 7 岁时写的一首五言诗，写出了华山山势“高”的特点。诗句简洁易懂，接近口语，勾勒出了华山“高耸入云”的壮阔境界。本单元从诗歌、散文、古诗不同的形式来描绘山中美丽的景色，从而激发学生热爱大自然，亲近大自然的情感。

除此之外，语文天地中仿写、辨字组词、照样子写句子等语言积累的练习，设计了“给山起名字”“写一写自己看到的山”等活动，侧重培养学生的联想和想象能力，丰富学生对山的认识和体验，引导学生学习更加具体的介绍自己爬过的山的特点。

3. 能力要点分析

《美丽的武夷山》中的能力要点，主要是从识字和写话两方面出发，二年级下学期时学生在识字方面仍是需要夯实的基础，“需要喜欢学习汉字，有主动识字的意识，初步具备独立识字的能力，能够借助汉语拼音认读认字，学会用音序检字法和部首检字法查字典。”而在写话方面，“对周围的事物有好奇心，乐于观察大自然，并能够表达自己的感受。”“对写话有兴趣，能够把看到的写下来，在写话中学习运用阅读和生活中学到的词语，根据表达需要，学习使用逗号、句号、问号、感叹号，学习写日记。”

结合《美丽的武夷山》这篇课文，首先是加强独立的识字的方法，继续激发学生对识字的兴趣，在识字的过程中积累优美的词语和短句。其次学习作者如何围绕特点，把观察到的景物、事情写具体，写形象的方法。结合学生的真实的爬山体验，借助课文，环环相扣的寻找自己爬过的山的特点，学习如何围绕自己爬过的山的特点进行介绍，并进行简单的写话训练，模仿文中比喻、顶针的写作手法，尝试用一句话，围绕特点把自己爬过的山介绍得更加形象具体，同时鼓励学生融入自己的感受，完成爬山小日记。

本节课，通过与文本的对话，深入了解作者是如何围绕武夷山的特点来写的。从而为下一步学生围绕自己爬过的山的特点进行介绍，搭设语言实践的桥梁。让学生在课文的情境中学语文、用语文。

（二）学情分析

学习介绍自己爬过的山，是本节课的教学重点，而对于学生来说如何围绕一个特点，更加具体形象的进行介绍、描写，是需要教师搭设桥梁来进行引导。

1. 创设情境，丰富学生对山的体验

对于二年级的学生来说，孩子们更有的说，也更愿意说，但与此同时也会出现观察角度和观察面较窄，词汇贫乏，不善于通过观察产生具体的联想进行更加个性化的表达的情况。李吉林老师曾说：“言语的发源地是具体的情境，在一定的情境中产生语言的动机，提供语言的材料，从而促进语言的发展。”因此一个真实的情境，可以更好地促进学生的观察，从而引发他们言之有物。在青青的山这个单元中，首先带领学生学习自读课文《看山》。鼓励学生主动去爬一爬身边的山，提示孩子们借助各种感官去寻山、看山，从而对山有初步的感受和认识。之后，在课堂中，让孩子们畅所欲言、交流分享自己的感受。

2. 学生介绍自己爬过的山的特点时的薄弱之处

学生在情境的创设下，激发了兴趣，更有话说了，但是与此同时，我们发现，孩子的这种表达大多都无重点，不具体，偏口语化。如在《青青的山》这一单元学习中，孩子们爬完山以后，让孩子们在课堂上畅所欲言，交流分享自己爬山的经历和感受。孩子们很愿意去表达，但是表达的时候也出现了如下情况。比如，孩子介绍的时候会简单地说，我爬的山很漂亮，但是具体如何漂亮却说不出来，或者说："我爬的山很陡，那里到处都是石头。"可见孩子不会把看到的山的特点，更加具体地展开说，或者在进行具体的描述时，与特点是完全不匹配的。所以，对于学生来说，如何找到自己爬过的山的特点，进而围绕着特点进行描述，是现阶段学生所遇到的主要困难。

二、教学目标的确定

（1）通过听读、随文读等方式，复习已学生字，重点学认"武、势、峻"这几个生字，学写"最"。

（2）能够正确、流利地朗读课文，能够抓重点词语，能做到有感情地朗读。

（3）理解武夷山的特点，学习作者是如何围绕着特点来进行描述的。

（4）能够围绕一个或两个特点，来介绍自己爬过的山，并尝试用一句话围绕特点进行具体生动的描写。

教学重点：理解武夷山的特点，学习作者是如何围绕着特点来进行描述的。

教学难点：能够围绕一个或两个特点，来介绍自己爬过的山，并尝试用一句话围绕特点进行具体生动的描写。

【设计意图】在青青的山这个单元中，创设情境，鼓励学生主动去爬一爬身边的山，提示孩子们借助各种感官去寻山、看山，从而对山有初步的感受和体验。之后，在课堂中，让孩子们畅所欲言、交流分享自己的感受。与此同时，我们也发现，对于二年级的学生来说，他们对于自己体验过的事情有兴趣、爱表达，但是表达大多都无重点，偏口语化。因此在进行《美丽的武夷山》的学习，为下一步学生围绕自己爬过的山的特点进行介绍、写话，搭设语言实践的桥梁。

三、学习活动与设计意图

活动一：热身

叫一组同学用完整话来介绍：我爬过的山叫作__________，我觉得这座山__________。

【设计意图】创设情境，通过与学生的生活体验相联系，激发学生介绍的兴趣。能够读准自己爬过的山的名字会用一个词来形容自己爬过的山的特点。一方面是启发学生在爬山的时候注意观察，鼓励学生观察得更加仔细，从而在之后的介绍中才能有的说；另一方面，也使学生的语言表达更加的具体，更好的表达自己的想法和感受。同时也是培养学生在搜集资料中识字认字的过程。

活动二：体会武夷山的美丽

1. 读词卡，复习文章内容

2. 挑出描写山的和水的特点的词卡

【设计意图】学生在活动一时，出现了介绍不具体的问题，因此引导学生学习课文，学习作者时如何把武夷山的特点说清楚的。带着这样的教学任务，本节课，首先进行的是字词的巩固复习，并明确作者所描绘的武夷山的特点。字词的教学仍是二年级学生学习的重点，而激发学生的识字兴趣，培养学生独立识字的能力，也是教学中应该注重的内容。本节课是《美丽的武夷山》的第二课时，因此字词的重点放在了复习巩固提升方面，用读词卡的方式，让生生之间，自主复习巩固上学期学习到的字词内容，而从这些字词中，挑出描写山和水的特点的字词，一方面是识字的内容，另一方面，也是让学生清楚，到底什么样的词语是在描写山的特点的。用这种方式，在情境中，回顾上节课所学的内容，从而对于他们在介绍自己爬过的山的特点时，有一定的提示和帮助。

3. 从文中分别画出描写造型奇特和山势险峻的句子

4. 明白作者是如何围绕着这两个特点来写武夷山的

利用黑板画和语言描述来让学生理解武夷山的特点。理解具体描述的样子，能够在想象中有感情地朗读。

【设计意图】第二段的第一句就给出了武夷山的两个特点：造型奇特、山势险峻，但是单凭这两个词，无法让读者感受到武夷山的这两个特点。因此在之后的作者运用了排比、打比方等方式让读者更加形象地感受武夷山的特点。

而这些也是学生的薄弱点，因此首先让学生明白哪一句是具体描述造型奇特的，哪一句是描写山势险峻的，进而通过黑板画、朗读、接读等方式去感受武夷山山的特点，并学习这种具体描写的方式。

5. 找出水的特点

6. 明白作者顶针的方法来描述水的特点

看老师把这水带到了大家面前，你有什么感受呢？快来背一背，把它留在脑海里。

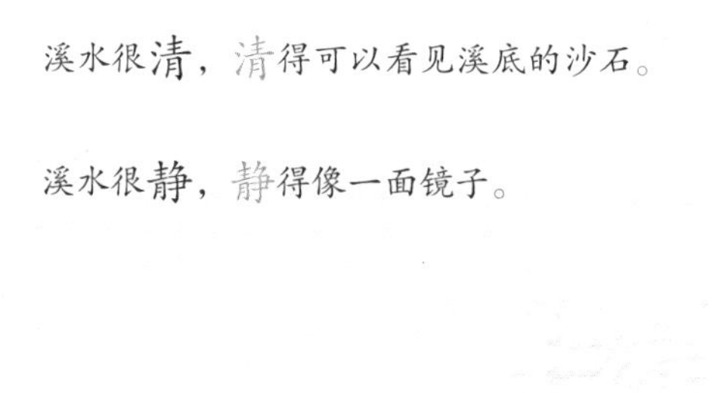

美丽的武夷山

【设计意图】武夷山的美，不仅仅在有山，更在于那里环绕着山的水，而作者在对水的描写时，也是围绕着特点进行描写的，而这里的具体描述，运用了顶针的方法，这种写作手法对于二年级的学生来说，学习运用起来仍是比较困难的，因此重点仍要落在读上，用读来让学生体会这种写法的妙处所在。因此在这里老师先出示第一个特点“水很清”，清的怎么样呢？让学生继续接读“清得可以看见溪底的沙石”。用这样接读的方式，使得学生明白前半句是来说水的特点的，后半句则是具体的描述，这样的方法也是可以运用到他们之后介绍自己爬过的山的特点中的。

7. 通过老师范读，理解人们是如何入画的

配乐与老师共同朗读，回顾整篇文章，理解入诗入画。

【设计意图】武夷山是非常美的，所以要给学生营造出美的情境，在学生整体理解了武夷山山的特点和水的特点之后，这里再次的配乐朗读，可以进一步加深学生对于武夷山的感受，进而随着作者的描述，感受那种入诗入画之感。因此在这里会让学生边观看图片，边听音乐配乐朗读，鼓励学生跟着老师

一起读，在此情境的创设下，让学生与武夷山的距离更近一些，仿佛自己真的畅游在这武夷山中一般。

活动三：介绍自己爬过的山

1. 围绕自己爬过的山特点，进行介绍。并模仿文中的句式、方法，用一句话围绕一个特点，简单描述自己爬过的山

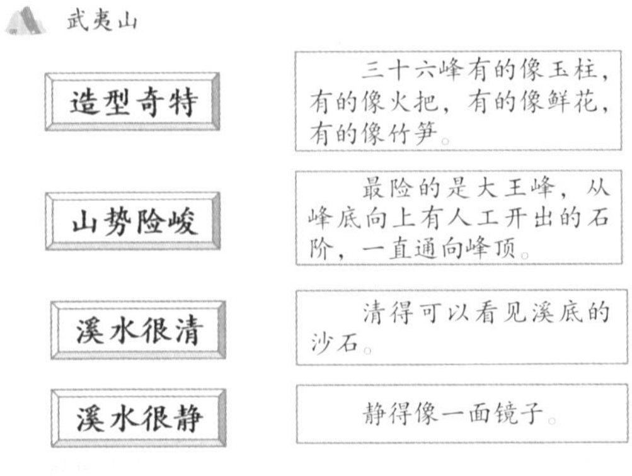

美丽的武夷山

运用学习单，上面所给的句式________山________，________。尝试进行简单的围绕着自己爬过的山的特点进行具体的介绍。

2. 对比、点评、修正、范读背诵好的句子

能够根据点评修正自己的表达，尝试融入想象，再次创作。

【设计意图】在学习作者描写武夷山的特点的基础上，学生要开始尝试围绕自己爬过的山的特点进行具体的描述，在这之前，教师需要再次对文中作者如何围绕特点进行具体的描写的进行复习巩固，这里仍是用到接读的方法，让学生对整篇课文进行梳理。

之后，让学生围绕自己爬过的山的特点，用简单的一句话进行描述。在学生写的同时，在上面巡视，寻找典型。通常学生仍是会出现几个问题，在课前做了预设。

预设 1：特点和后面的具体描述不匹配。

预设 2：具体描述太简单，不生动。

在课上发现这两种典型情况，运用生生评的方式，让学生来发现问题，提出解决方法。并再次修改自己的写作。最后，将写得比较好的投影到到大屏幕

上，让学生一起读，用这种典范的方法，再次对自己写作的内容进行修改。

活动四：学写“最”

1. 讲解重点，提醒两个注意

2. 写一个，点评

3. 完成“最字”

【设计意图】写字是二年级学生课上教学非常重要的一环，那么作为即将升入三年级的学生，更加重要的是自主能力，因此在写之前讲解重点，提醒两个注意，之后利用投影等方式，让学生自主找出会出现的问题，从而对他们的字做出进一步的修改，培养其独立识字写字的能力。

四、学习效果评价及说明

在学生自己尝试用几句话介绍自己爬过山的特点时，实际上给孩子们铺设了三个台阶。

第一个台阶是让学生学习作者是如何具体描写武夷山的特点的，与此同时，不断地与学生的生活体验相连接，学习作者在具体描写的时候，用了很多的写作方法，如排比、比喻、顶针……通过朗读等方式，让学生在读中感受作者的写作手法，潜移默化地融入自己的写作中，从而进行初步的创作。

第二个台阶是在学生写的过程中，去寻找最典型的几个问题，首先是特点与后面的描写不匹配，其次是后面具体的描写不生动。作为教师，需要去做的，是把这两种类型的问题提出来，让学生结合本节课的学习，自己对这两个问题提出看法和修改意见，从而进一步反观自己的句子，再次进行修改。

第三个台阶是让学生共同朗诵优秀的句子，一方面，对写得好的同学的一种鼓励，另一方面，也给同学们做了一个典型的范例，让学生更加真实地感受到，什么样的句子，什么样的描写是好的，进一步激发学生的写作兴趣，再次对自己的句子进行修改。这样的设计，是基于对学生语言实践的薄弱之处进行指导，且这种指导从学生的实践中，生发出来更加真实的问题，因此更切实地提高了学生的语文能力。

五、教学反思

在本单元的教学中，通过情境的创设，为学生搭设一个很好的平台，去激发学生兴趣，主动探索身边的“山”，丰富了体验及写话素材。在此之后，又让学生尝试介绍自己爬过的山，让他们把自己新的发现与他人分享。但与此同时我们也发现，学生在介绍的时候，也出现了内容不生动、不具体的情况，而且在描述山的特点时，常常与后面的具体描述无法对应。基于此，我借助《美丽的武夷山》这篇文章，引导学生学习作者是如何围绕武夷山的特点进行描写的，进一步结合他们的爬山体验，环环相扣地寻找自己爬过的山的特点，学习如何围绕这个特点来介绍自己爬过的山，并尝试模仿文中的句式，进行简单的写话训练。

这样的写话教学是从学生真实感受出发，着眼于其语言实践的薄弱之处进行指导的，而且课上活动整体推进，活动与活动之间承上启下，最终都以培养学生听、说、读、写的语文综合素养为落脚点，产生了更好的实践效果。而且在课上的教学中，文章内容为学生后续的介绍和写话，搭设了语言实践的桥梁，让学生明白，怎样围绕山的特点进行介绍。文中许多很好的修辞手法，也被学生们所吸收、运用，在课堂实践的过程中，出现了很多典型例子，教学中，我会抓住这样例子，促进同伴间的学习，进一步修改自己的介绍和写话内容。

课后，通过与学生的谈话发现，他们对于山的认识进一步加深了，很多学生都表示特别想去武夷山看看，也有一部分学生，将他们的爬山体验写成了爬山小日记，内容相较于以前，更加具体生动。可见从学生的兴趣点出发，创设情境，丰富学生的体验，学生在这样成系列的活动中，能够更加全面的促进综合素养的提升。在以后的教学中，还应该注意情境的不断渲染，让孩子们在这样的情境中，更多的分享自己的感受，利用同伴的力量来更好的丰富体验。

读文画图，让理解“可视化”

——《山寨》教学设计

中国农业科学院附属小学　吴婷婷

以北师大版小学语文教材二年级下册“青青的山”中的主体课文《山寨》为例，本教学设计的亮点在于借助读文画图，让学生对文本的理解“可视化”，从而更有针对性地帮助学生扫清理解盲点。

一、教学背景分析

二年级是学生学习语言的关键阶段，也是学生逐渐从语言文字的表面性学习，转而向文字背后内容的理解进行转化的关键时期。从认识词语向理解词语过度对学生来讲是有一定困难的。

（一）教材分析

为了提高学生的阅读理解水平，北师大版小学语文教材重视学生阅读能力的培养，在本册教材的学法指导上，着重引导学生联系文本和已知经验想象阅读内容，从而准确理解。《山寨》是二年级下册第五单元“青青的山”中的第一篇主体课文。这首小诗虽然短，但很有情趣。诗的题目虽然叫“山寨”，但是作者着力描绘的却是去山寨路上看到的奇丽景象，对于生活在城市的孩子们来讲，诗中描绘的景象还是十分有吸引力的。

1. 课文内容解读

诗人从拜访山寨者的角度，写出了山寨的位置、周围的环境、也抒发了兴致勃勃的心情。上山寨直线距离虽然很近，但实际走起来路程却很远，加上林遮树掩，所以就产生了不同于城市平坦道路上的非常有趣的景象：看着近，走着远。“看着飘起的炊烟”“分明是到了寨边”，写看着近。“上山下山，一走就是半天”“左转右转，一户人家也不见”，写走的远。山路长，山路弯，是通向山寨的路的特点，“到处林遮树掩，青藤垂挂屋檐”“一户人家也不见”，是山寨的特点。

整首诗共三个小节。第一小节，从感觉着笔“看着飘起的炊烟，好像离山寨不远，哪知道上山下山一走就是半天”，短短的两句话，写出了山路的特点，看着近走着远。第二小节用两个词语，“七拐八弯”“左转右转”写出了山路的曲折绵长。第三小节不仅写出了山路边山寨里的景色，“到处林遮树掩，青藤垂挂屋檐”，还注意从听觉方面构造意境，是“汪汪”的狗声把客人带进了山寨，带到了山寨人家的门前。整首诗一气呵成，浑然一体，情趣盎然。

诗人的心情也随着山路跌宕起伏，原以为路程不远，满怀期待登山，哪知道走了半天也没到，一户人家也不见，正在失望之时，小狗却把他引到了门前。每一小节都是一正一反，表达了上山人急切和欣喜的心情。这首诗在语言上也很有特点，前两节先扬后抑，后一节先抑后扬，诗歌用口语写成，感情充沛。感叹句反问句，也增加了诗歌的感情色彩。

本课有一幅插图，因为画的是远景，所以没有展现画的主题山路，为给学生留下想象的空间。

2. 单元编排意图

“青青的山”和后面“清清的水”两个单元都是为了引导学生热爱自然，亲近自然，体验与大自然和谐相处的感受。通过本单元的阅读和活动，应使学生体会祖国山川的雄伟、美丽与神奇。本单元总共选编了三篇主体课文：作为主体课文的《山寨》《美丽的武夷山》和语文天地当中的古诗《华山》，拓展阅读《看山》。《山寨》描绘了作者去往山寨的道路上的所见所闻，写出了山路曲折和丛林茂密的特点。《美丽的武夷山》是一篇说明性的散文，描绘了武夷山的奇山秀水，表达了对武夷山的热爱、赞美之情。《华山》全诗都突出了华山山势高的特点，勾勒了华山高耸入云的壮阔境界，透露着寇准的性格气质。

《看山》是一篇散文，描写了作者看到的山的美景，作者与山始终隔着远远的距离，由这种距离流露出美感——山之美，望之美，思之美。

此外，“语文天地”中也涉及了与山有关的一系列练习，重点强调学生对山的感知，特别是“读一读 写一写”当中，让学生亲身体验去爬山，感受山与平原的不同。对于生活在平原城市中的学生来讲，确实对山的体验流于表面。这也对学生理解课文造成了一定的困难。作为本单元的开篇课文，学生此时对山的感受还不够深入，如何能够让学生在文字和亲身体验之间架起更有效的桥梁？我们思考让学生用绘画的方式，将文字转化成生动的形象，借助这一载体，实现学生的深入理解。

3. 能力要点分析

《山寨》所承载的能力要点，需要从阅读理解方面深入分析。二年级的学生，在阅读中应该能够“联系已知经验，想象阅读内容，讨论课后思考题”。具体而言，理解《山寨》这首小诗，除了学生在学习之前，要有一定的生活经验积累之外，还需要在学习课文的过程当中，借助图像化的方法来帮助理解。在本单元语文天地的练习当中，有根据山的形态为山起名字的练习，这是一个由图形向文字转变的过程。在语文学习的过程当中，我们也可以反其道而行之，根据语言文字的描绘，重新画出相应的图像。不管哪一种方法，都可以让学生更直观地理解，更深入地体会。

总之，学习《山寨》这首小诗，不管是用图片来帮助学生理解，还是从语言文字当中描绘课文当中的景象，我们的语文学习就是要在汉字和图像之间进行游走，这也是学生学习的巨大空间。

（二）学情分析

借助图片，理解语言文字，根据语言文字，描绘出图像，这种图文之间的，相互转换，是理解这首小诗的重要方法。因此学情分析主要从学生理解的角度展开。

1. 学生理解诗歌内容的困难

从心理学的角度来说，阅读活动的结果不是机械地把原文说出来，而是要通过内部言语，用自己的话来理解或改造原文的句子和段落，从而把原文的思想变成读者的思想。要实现这个过程，有赖于许多条件。首先，识字要达到一定的自动化（即熟练）的程度。其次，内容要符合读者的知识经验，否则，虽然认识一些个别的字，也无法理解。

而这首小诗的学习，就对处在二年级的学生提出了不小的难度。首先，小诗中有一些词语对学生来讲并不熟悉，比如“炊烟”“林遮树掩”“垂挂屋檐”，这些生僻的词，为学生的阅读理解制造了第一层障碍。其次，从学生的生活经验来看，对于山的理解远远不够。为什么要“左转右转”，为什么上山的时候还需要下山？这些问题仅靠字面理解也是无法直接获得深入感受的。综上所述，这首小诗虽然短小，看起来也并不晦涩难懂，但对于二年级的学生来讲，要想把这首小诗当中描写的山的特点理解清楚，还是需要老师精心设计的。

在学习这首小诗之前，我们也对小诗的内容做了前测。在前测中有学生提出这样的问题，为什么作者要往山上走却还要下山？在与学生的交谈当中，我发现学生对“山”与“路”的关系并不明晰，他们印象当中的道路就应该是笔直的、直奔目标的，因此他们认为山上的路也应该是这样的。由此可见，这是学生理解上的一个难点。如果仅凭文字学生读不出来，那么我们是否可以打开其他的感觉通道，帮助学生理解。我想这个时候，我们可以借助图画的方式，利用课文上的插图，让学生去画一画上山的路。老师不必要求学生画的很像，而应该要求画的符合诗意：山路应当是盘旋的，左转右转。因为山林茂密，山路被密林遮掩，所以山路应该是虚虚实实的。要引导学生通过诗中的语句，想象山路的曲折盘旋，忽隐忽现，培养其联想和想象能力。

2. 学生理解诗歌内容的优势

虽然在对诗歌内容的理解上存在这样的困难，但是在本单元的学习过程当中，我们依然可以依靠重组单元内容顺序的方法，综合设计单元活动，在学生学习课文之前，让学生先去爬一爬山，通过亲身体验来帮助学生理解。

另外二年级的学生还是在阅读方面积累了一定经验的，他们可以较为熟练地将词语转化为形象，但是把句子所要表达的意思，梳理清楚，转换成心理语言，只需要多点时间练习，就可以达到较好的效果。

二、教学目标的确定

依据教材分析与学情分析，本课第二课时教学目标确定如下。

1. 正确、流利、有感情地朗读课文，背诵课文，体会“山寨”的朦胧和美丽

2. 学认 5 个生字，学写 5 个生字，练习自学形声字，学习词语“七拐八弯、左转右转、林遮树掩、青藤垂挂、多亏”

3. 能够朗读、背诵诗歌，学习句式“分明（明明）是……，怎么……”

4. 借助课文的语句，想象山路的弯曲与掩映

教学重点：学习课文，感受上山寨路上的景色，体验山寨的美丽与神奇。

教学难点：借助课文的语句，借助课文的语句，想象山路的弯曲与掩映，感受山寨的美丽与神奇。

【设计意图】阅读理解无疑是小学语文的重中之重，二年级的学生在这方面正处于爬坡的阶段，需要我们找到更有效的方式，为学生的学习搭设阶梯。借助图画的形式，在文字表达与学生理解之间架起桥梁，降低难度，培养学生边读边想象的能力，从而为中年级的阅读理解打下基础。

三、学习活动与设计意图

基于教学目标，本节课的教学活动及其设计意图如下。

课前准备活动：亲自去爬山，能够以各个感官感受山的特点。

1. 写出自己爬过的山的名字

2. 观察山路是什么样子的

【设计意图】由于本单元的主题离学生生活实际比较远，所以让学生在学习之前爬一爬北京周围的山，与祖国的美丽河山建立情感纽带，能够调动感官，去体验山的美好，感受爬山与在平地上行走的差异，观察山路的样子，为本单元的学习做铺垫。

（一）初读课文，感受山之态（3 分钟）

1. 板书课题，讲解“山”“寨”二字

2. 独立识字，能把课文正确读下来

3. 用铅笔写两个字，说明山寨什么样子

【设计意图】阅读是学生个性化的行为，应让学生在主动积极的思维和情

感活动中，加深理解和体验，有所思考和感悟，收到情感讯号，获得思想启迪。这首诗比较短小，语言生动有趣，所以，要让学生自主阅读，边读边思考，去初步感知山寨特点。放手让学生的感官在文字中停留，让优美而富有情趣的文字触及孩子的心灵，从而提高学生理解和运用祖国语言文字的能力，发展思维。

（二）初步感知，体验山之趣（10 分钟）

1. 读书，找出词语

* 因为在山上，所以通往山寨的路__________。

* 因为山寨周围都是树，所以山寨周围是__________。

预设 1：因为在山上，所以通往山寨的路看着近，走着远。

预设 2：因为山寨周围都是树，所以山寨周围是林遮树掩。

2. 至少提出 1 个问题

预设 1：不理解为什么要上山下山。

预设 2："多亏小狗几声汪汪，才把客人唤到门前！"要是没有小狗叫呢？

【设计意图】要想让学生理解的更深入，就需要带着学生在文字间走几个来回，在不断的思考中体悟。学生在填词的同时，实际上是把"山"和"路"建立联系，但是这种联系不够深入，所以还需要老师再引导。此时，我们抛弃了用一系列问题牵着学生走的方式，让学生自己提问，在自问自答的过程中理解三处难点，进一步体会山寨特点。

（三）借助图形，感悟山之形（12 分钟）

1. 按照自己的理解，插图上画出上山的小路

要求：

（1）用铅笔画一条线。

（2）是去往山寨的小路。

预设 1：画的不是一条线，比较混乱。画的不是去山寨的路。

预设 2：画的山路不符合特点。（*A 路太直 *B 弯不多 *C 能断续 *D 断处多）

2. 组织学生评议，注意联系文中语句

【设计意图】低年级的学生对抽象语言的理解是很困难的，不能光靠老师

解释词语的意思，我们要能够恰如其分地运用多种手段将语言文字形象化，丰富、充实、深化学生对词语的认识、思考，让学生真切地感受到文字是那么形象生动，富有魅力，进而达到理解词语的目的。此环节既是将语言文字形象化，也是对学生理解与否的检验。

（四）我是小导游，描绘山中之行（5 分钟）

1. 有感情地介绍其山寨的路

要求：

（1）用第一人称口吻口述课文。

（2）能说出山寨的三个特点。

（3）至少用到课文 4 个词语。

2. 在小组内练习

预设 1：文中词语不理解。

预设 2：语句不通顺，无逻辑。

3. 教师小结，回扣单元主题——“青青的山”

4. 背诵课文

【设计意图】此环节旨在引导学生体会小诗的逻辑顺序，从山脚下到高高的山寨，作者是按照行走的路线写成的，顺序清楚了，有利于学生熟读成诵。另外，转化成第一人称的口吻口述课文，还有助于学生体会作者在去山寨路上焦急—失望—欣喜的心理变化，体会作者的情感。

（五）学写生字，把握字之形（10 分钟）

1. 复习要求会认的字

2. 自学写“烟、亏、狗”

3. 同桌讨论“弯、垂”的笔画笔顺

4. 听写测试

5. 评议写得好的字，再写

【设计意图】二年级的写字教学还是重点内容，因此在课堂上老师引导学生对字的笔画、笔顺以及笔画在田字格中的位置进行讨论，发挥了学生的主体性，培养了学生写字之前先观察的意识和良好的写字习惯。

四、学习效果评价及说明

配合学生“画上山道路”的活动，设计了生生互评。

评价标准	评价效果
山路的起点在山脚，终点在山上	☆ ☆ ☆ ☆ ☆
山路是弯弯曲曲的	☆ ☆ ☆ ☆ ☆
山路是有虚有实的	☆ ☆ ☆ ☆ ☆

借助这个评价，可以非常清晰地看到学生的理解是否准确。这三个评价的维度，其实也考量了学生对诗歌内容是否读懂了。作者是由山脚出发向山上而行的，所以小路的起点和终点应该符合诗歌内容。另外根据课文当中的重点词语，山路弯弯曲曲，学生画的时候应该就着山势，绕山而行的。因为丛林茂密，遮天蔽日，山路不可能完全呈现在我们面前，所以山路应该是有实线，有虚线的。如果这三条学生能够做到，那么对这首小诗的理解也就透彻了。

五、教学反思

如何借助读文画图，并联系生活经验，突破理解难点。

课文的体裁是现代诗歌，主要描写了山路七拐八弯，到处林遮树掩的美丽景色。但是对于生活在大都市的学生来讲，对山的体验并不深，爬山的次数都屈指可数，对于理解课文造成了一定的难度。我们发现了学生在阅读中存在这样的困难，生活经验的限制造成了学生在阅读理解上的盲点。为了让学生在学习时感悟祖国语言文字的优美，体会山寨的特点，教学这首诗歌时，我尝试将图画与语言学习结合起来，从而激发学生的兴趣，帮助学生理解诗歌内容。

在初步体验诗歌的基础上，我让学生结合实际生活画一画上山的小路。这样做的目的有两个，一个是诊断学生对诗歌的理解是否准确，画图无疑是非常直观的方法；一个是促进学生的理解，进一步把握山寨的特点。这首诗歌主要是表现“山寨看着近，要走到却很远”，从而体现山路的特点。学生结合自己爬山的实际经验，动手在书的插图上画小路。同学们饶有兴致地动手作画，多数同学画出的小路都是弯弯曲曲的，他们说："爬山的时候并不是直着上去的，因为那样上去太陡了，像华山那种山都上不去。"有的学生说上山的路太长了，绕了好几个圈。有些孩子画了些九曲十八弯的小路，有些路段却没画出来，我就问他为什么要这样画，他说："因为小路九拐八弯，就应该像蛇一样盘旋向上，而到处林遮树掩，有些路段当然就看不见了……"我情不自禁为他的画和发言鼓起掌来。

可见，让学生动手画一画，不仅能激发学生学习的兴趣，帮助学生更好地理解课文内容，还能培养学生的形象思维和创新精神。在这样的课堂中，他们找回了自信。他们在课堂中那么快乐，那么主动地探究新知识。他们才是课堂的真正主人。

在情境中体验学语言、用语言的历程

——《葡萄沟》教学设计

中国农业科学院附属小学　王珍荣

以北师大版语文三年级上册“塞北江南”主题下的主体课文《葡萄沟》为例，本教学设计着力体现在情境中引领学生体验学习、运用语言的历程，实现学生阅读、表达能力的整体发展。

一、教学背景分析

三年级第一学期衔接第一学段和第二学段。对于学生而言，他们已经积累了一定的语汇，能够理解文本的基本意思，但是读懂一段话，理清段落中句与句之间的关系，概括一段话意思的能力还是比较弱的，在理解文本的基础上进行表达的能力就更弱了。

《葡萄沟》这篇文章结构清晰，语言浅近。文本主要介绍的是我国新疆吐鲁番的葡萄沟盛产葡萄的情况以及葡萄干的晾制。全文以“葡萄沟真是个好地方”为中心，抒发了作者对葡萄沟的喜爱之情。如何让学生也喜爱葡萄沟，真切感受它的好呢？我想，如果在阅读课文时，让学生以“小大使”的角色介绍新疆的葡萄沟，就可以激发学生学习的兴趣，产生学习的动力，最终实现阅读、与表达的整体发展。

（一）教材分析

1. 课文内容解读

《葡萄沟》是一篇传统的课文，介绍的是新疆吐鲁番葡萄沟的人情风貌。文章共有四个自然段，第一自然段写葡萄沟是一个盛产水果的好地方，它以“到九十月份，人们最喜爱的葡萄成熟了”这一句引出下文。第二自然段共四句话，分别从葡萄沟迷人的景色、美味的葡萄、热情好客的维吾尔族老乡三个方面展开介绍。第三自然段从葡萄干的制法这个角度抒发对维吾尔族老乡智慧的赞美。第四自然段则以“葡萄沟真是个好地方”来总结，抒发了作者对葡萄沟的赞美之情。文本内容易于唤醒学生已有的生活经验，创设适切的情境，会使学生在丰富的体验中学习文本。

2. 单元编排意图

纵观北师大版教材第一册到第五册，我们不难发现，针对“爱祖国”的主题，教材的编排是由浅入深的，从爱我的家，爱家乡，到爱祖国，层层递进。学生对祖国的认识也渐渐丰富。本册教材第四单元以“塞北江南”为主题编排了丰富的内容，其中包含两篇主体课文，即《小镇的早晨》《葡萄沟》，一篇拓展阅读《做客喀什》，“日积月累”中选择了《敕勒歌》《望天门山》两首古诗。从选文来看，江南、塞北的特有风光都有所涉及，编者的目的就是希望学生能够感知祖国江山的多姿多彩，从而产生热爱祖国的美好情感。

3. 能力要点分析

本文思路清晰，易于培养学生围绕一个话题发表自己看法的能力。文章围绕“葡萄沟真是个好地方”展开描写。开篇总体介绍葡萄沟的地理位置以及盛产水果的特点。作者从五六月份的水果开始写起，用“到九十月份，人们最喜爱的葡萄成熟了”这一句过渡，引出葡萄沟最有名的特产——葡萄。那里葡萄长势好，色泽诱人，味道甜美，那里维吾尔族老乡热情好客，这就是第二自然段告诉我们的。第三自然段依然围绕这个内容介绍葡萄干的制作方法，以及葡萄干味道甜，颜色鲜的特点。从以上分析我们会发现，葡萄沟人美、物美，所以真是个好地方。

培养学生结合生活实际以及上下文理解重点词语的意思，是第二学段语文教师教学的重点。本课以“热情好客”一词为例，学生一方面可以展开想象，结合自家待客的方式来谈对“热情好客”的理解，也可以抓住“准会、最甜、吃个够”这三个词语来谈理解。学生的理解最终通过表演的方式展现，也就是在情境中体验作为小大使的角色，并用创造性的语言来表现。总之，本文中像这样的语言是非常丰富的，学生在理解、积累的同时还可以创造性地运用。

本文语言浅易、生动，运用了巧妙的写法来介绍葡萄沟。例如写到葡萄的枝叶时，作者运用了比喻的方法，易于引发学生的想象，茂密的枝叶连成一片，如同一个个绿色的凉棚。在介绍晾房特点时，作者也将专业的术语转换成了学生易于理解的“碉堡”等词。文本表达上的独特，如果通过做形象大使向大家介绍的方式来体会，无疑会促进他们的理解，并激起他们阅读与表达的积极性。同时做葡萄沟形象大使的那种自豪感也就油然而生。

（二）学情分析

由于本册书的前三个单元已经介绍了我们学习关键词语的不同方法，比如结合生活实际展开联想，查词典，联系上下文等，所以学生在阅读文本的过程中，“五光十色”“茂密”这些关键词语理解起来应该不困难。但是为什么晾房要这样设计，学生恐怕不太了解。根据以上的分析，带着这样的猜测，我分别用书面和访谈的方式对学生进行了前测。

问题 1：读一读课文，请在你读得不明白的地方标上问号。

有 65% 的学生在第三自然段标注了问号，他们对于晾房为什么要这样建造不明白。由此可见，因为新疆和北京的地理环境、风土人情迥然不同，所以导致了学生理解起来有一定难度。也就是说，在学习这篇文章的过程中，学生很难在头脑中建构起一个对葡萄沟的整体而清晰的认识。

通过图片呈现或动画演示的方式补充葡萄沟地区的地理环境资料对于学生的理解会起到辅助作用。

问题 2：读完课文，你能试着向我介绍一下葡萄沟吗？

我选择班中阅读、表达水平不同层次的几个学生进行访谈，学生在表达上出现以下几种情况。

（1）照着课本中的内容在读。

（2）不能抓住景物特点来介绍。

（3）句与句之间的逻辑关系不清楚。

（4）只针对某一个方面进行介绍，不能整体把握文本内容。

从前测情况看，我们不难发现以下问题：首先，学生刚刚从第一学段升入第二学段，他们口语表达的能力还亟待提高，围绕一个话题表达的过程中，语言表述比较散乱，句与句之间的连接比较突兀；其次，在阅读能力方面，他们还不能全面把握文章内容，并建立起段与段之间的联系。对于他们而言，能够准确把握每一段所介绍的内容实属不易。所以，通过“小大使”的体验活动，会促使学生全面思考“葡萄沟真是个好地方”，并努力结合文本语言，有创意地介绍葡萄沟，更好地把自己的理解表达出来。

二、教学目标的确定

基于以上的分析，我将本课的教学目标确定为以下几点。

（1）能正确、流利、有感情地朗读课文，了解课文的主要内容，产生喜爱葡萄沟的情感。

（2）运用学习过的方法，理解文中关键词语的意思，并尝试运用。

（3）在口语交际活动中，能大方地向他人介绍葡萄沟，做到人称正确，表述清楚。

教学重点：能正确、流利、有感情地朗读课文，了解课文的主要内容，产生对葡萄沟的喜爱之情。

运用学习过的方法，理解文中关键词句的意思，尝试运用。

教学难点：在做“小大使”的口语交际活动中，向他人介绍葡萄沟，做到人称正确，表述清楚。

【设计意图】以“小大使”的活动情境促使学生在理解文本的基础上积累语言，将自己的理解用向他人介绍的方式呈现出来，这实际上也是对语言的创造性运用。在这个过程中，学生对文本的理解是前提，但是并不意味着其他能力要在理解之后呈现，而是在实际的体验中实现理解、积累、运用的整体发展。

三、学习活动与设计意图

热身活动：多种途径，丰富体验，感知新疆地貌。

看地图，了解葡萄沟的地理位置；

读资料，了解新疆的地貌、风土人情；

观影片，感受风情。

【设计意图】从前测中我们发现，学生对新疆地区特有的地理环境并不太了解。热身活动中，我引导学生从多层面了解新疆，感受那里的风土人情，可以减少因地理环境的差异而带来的陌生感，丰富他们的体验，激发学生宣传葡萄沟的欲望。

（一）初步介绍葡萄沟——通读，了解文本（9 分钟）

1. 明确本课的学习任务——做“小大使”，介绍葡萄沟

2. 共同设计评价标准

预设：了解葡萄沟，还要介绍得吸引人，让游客愿意来这里。板书（了解、吸引人）。

【设计意图】借助公开课这个资源，创设“小大使”介绍葡萄沟的情境，让学生向老师们介绍葡萄沟，就是要为他们提供一个真实的语言交际情境，激发他们的学习热情，使他们带着真实的需求展开学习活动。此外，维吾尔族的小毡帽这个道具会增强学生的角色感，使创设的情境更为真实化，语言交际更为生动化。

3. 通读全文，了解介绍内容

通读课文，思考“课文向我们介绍了葡萄沟的哪些内容”。

预设 1：课文从葡萄、葡萄干、晾房这三个方面介绍葡萄沟的。

预设 2：课文还向我们介绍了维吾尔族老乡。

预设 3：课文还向我们介绍了那里葡萄的枝叶，还说到了那里的水果特别多（随机理解“盛产”一词）。

4. 梳理关系，尝试介绍

预设 1：学生不清楚之前抓住的那些内容之间的关系。

教师引导学生进行梳理：葡萄的部分作者是从枝叶和果实两方面介绍的；葡萄干则是从晾制的原理以及特点来介绍的。

预设 2：学生不清楚如何开始表达。

表达提示：欢迎来到葡萄沟，我是这里的“小大使”xx，下面我向大家介

绍一下美丽的葡萄沟……

预设 3：学生用十分简洁的语言将这几个方面概括了一下。

预设 4：学生按照书上的语言完整地复述了一遍。

【设计意图】让学生在初步介绍的过程中，通读文本，建构起对葡萄沟的第一层级认识，知道了自己要从不同方面介绍“葡萄沟是个好地方”。

（二）生动地介绍葡萄沟——精读批画，寻找特点（15 分钟）

1. 精读批画，寻找特点

默读文章，思考文章向我们介绍了葡萄沟（ ）的（ ）。细细品味，并圈划出关键词句。

在小组汇报的过程中，建议学生这样来进行交流：我最想向大家介绍葡萄沟的……，它最吸引人的是……

2. 汇报交流

预设：学生能够找到以下特点：枝叶——茂密，长得好，凉爽；葡萄——五光十色，一大串；葡萄干——色鲜、味甜；老乡——热情好客

（教师随机板书）

3. 阅读文本，找不同，明特点

预设：学生能够发现以下四点不同：晾房建在山坡上，壁上有小孔，像碉堡，内有木架子

【设计意图】此环节解决前测中“晾房设计原理”的难点。在探究的过程中，学生对老乡的认识越来越丰富，他们不但热情好客而已，而且富有智慧。学生在这个情境中向别人介绍葡萄沟，他们对维吾尔族老乡的敬佩之意必会油然而生。

4. 介绍晾房，依据评价找典型

发现优点：表达清楚而富有创意。

指出不足：有效意识还可以提升，要有对象意识。

【设计意图】充分利用差异资源，使不同水平的学生都能得到发展是我们共同追求的目标。在展开介绍的过程中，我邀请口语表达能力强的学生做展示，就是希望能给他人以启迪，实现了差异资源的最大化利用。

5. 抓特点展开介绍

预设：学生能够抓住一个方面的特点展开介绍，但是语言不够生动，不够有个性。

（三）创造性介绍葡萄沟

1. 丰富前期讨论的评价标准

（1）融入自己的感受，加入有创意的语言介绍。

（2）有对方意识，用对人称，眼神的有交流。

2. 同伴互相介绍——面向来客介绍

3. 抓典型，面向全体个性展示

【设计意图】此内容为最后的高潮部分，学生在真实的情境中，大胆地将课堂所学的内容进行有机地整合，离开座位，来到“游客”身旁，创造性地介绍葡萄沟，开始真正的交际，实现多种能力的整体发展。

4. 总结

回忆整个宣传任务的体验过程，思考是如何完成宣传任务的。

通读，整体介绍——精读，找特点生动介绍——富有创意的介绍

【设计意图】语文学习活动应该是完整的，最后的回顾与总结是对学生思维过程的一个完整呈现。同时在这个过程中，学生形成了班集体的共同学习经验。

四、学习效果评价及说明

1. 课堂上随机评价与课后评价相结合

2. 自评与他评相结合

“小大使”评价表

被评价人姓名	总成绩				
介绍要求	等级	＊＊＊＊	＊＊＊	＊＊	＊
1. 借用书上的关键词，用自己的话介绍	游客				
	自评				

被评价人姓名	总成绩				
2. 融入感受，有创意的介绍	游客				
	自评				
3. 有交流的意识	游客				
	自评				

学生对做“小大使”这一活动兴趣很浓。上课伊始，我们就对学生交际进行了标准的确定，目的就是希望学生能够依据标准不断提升自己的表达能力，同时也可以培养学生合理、有依据评价的能力。此外，由于活动是在不断深入的，所以，评价标准也在不断丰富与细化。

借助评价表可以实现生生之间的双向评价，既关注到了说的一方，也关注到了听的一方，实现口语交际能力的综合发展。

五、教学反思

本设计的最大特色就是在情境中体验学习语言、运用语言的乐趣。入课伊始，我明确了本课的学习任务——做葡萄沟的小大使，宣传葡萄沟。学生在本节课要学会向公开课上所有听课教师做宣传，实现阅读、交际等多种能力的整体发展。学生在这样真实而有意义的情境中，会带着迫切的需求学习语言，创造性地运用语言。为了使情境更为逼真，我还特意准备了道具——维吾尔族的小礼帽。学生在上课之初就被这样的任务深深吸引了。浓厚的兴趣是成功的一半。学生在“小大使”的角色体验中，寻找文本中的重要信息，利用已有的生活经验以及文本中上下文之间的联系，理解重点词语的意思，从而把握文中所介绍的人、物的主要特点，并通过有创造性的语言将内容重新组合，大胆介绍。在这个过程，学生学习的主动性大大增强了。由于有了特定的情境，有了不一样的角色，所以学生的阅读变得更有意义。

学生在情境中学习语言，在一次又一次的尝试中，运用语言，每一次尝试都有着不一样的提升。在设计本课的时候，我设计了三次尝试介绍。第一次是从最基础的建立整体认识开始的。学生在这一次的体验中，通读文本，抓住了文中每一部分介绍的重点，实现了对葡萄沟的全面把握。但是要想吸引听众，还要走进细节，抓特点介绍。这也就是我们进行的第二次尝试。第三次是创意介绍，他们离开座位，向各位来客或朋友介绍葡萄沟。可以说，在“小大使”的情境中，学生经历了语言不断丰富的过程。由于每一个学生的学习能力，语言的感知能力是不同的，所以在每一次介绍的过程中，我都努力抓住典型，使其发挥抛砖引玉的功能，最终实现有差异的学生有差异的发展。

紧扣“迷恋”，“比一比”中促理解

——《装满昆虫的口袋》教学设计

中国农业科学院附属小学　董美娟

以北师大版小学语文教材三年级下册“观察与发现”单元中的主体课文《装满昆虫的口袋》为例，本教学设计引导学生通过一系列的体验性活动，抓住关键词语，理解课文内容，让学生在真实情景中实现与文本的零距离对话。

一、教学背景分析

中段以段的教学为重点，学生具有了感知理解段落的基础，本单元的教学重点是让学生学会提炼关键的词句，通过理解重点词语来理解课文。三年级的孩子对法布尔的故事会比较感兴趣，也喜欢创设情境来朗读，本教学设计旨在将学生的生活经验与法布尔的经历相对接，让学生在真实的生活情境中去学习，在情境中实现与文本的零距离对话。

（一）教材分析

北师大版小学语文教材很重视学生概括能力的培养，注重教会学生通过抓住重点词句等方式对读过的内容进行概括。《装满昆虫的口袋》是三年级下册第九单元“观察与发现”中的一篇主体课文，这篇记叙文通过法布尔小时候的两件事情表现了他对昆虫的迷恋，对于培养学生通过抓住重点词语进行概括的能力有很大的帮助。

1. 课文内容解读

这篇记叙文叙述了昆虫学家法布尔小时候研究昆虫的两件事。课文共有7个自然段，采用先总后分的写法。

第一自然段概述“法布尔从小就对大自然有着浓厚的兴趣”，这种兴趣表现在对蝴蝶、虫子、鱼虾的“好奇心”。“浓厚的兴趣”“无限的好奇心”是全文的中心。“兴趣”，或者说是好奇心、热情、爱好，是观察的引导者，是研究的动力。法布尔后来能成为伟大的昆虫学家，就源于他对自然、对生物、对昆虫的兴趣。

课文用了两件事具体写法布尔这种“浓厚的兴趣”“无限的好奇心”。

第一件事，法布尔独自寻找纺织娘忘记了回家。课文没有直接写法布尔怎么找虫子，怎么入迷，怎么忘记了时间，而是从侧面——妈妈的角度写。天已经晚了，“暮色笼罩了田野”，爸爸妈妈的农活儿都干完了，法布尔还没有回家，他沉浸在什么事情里，以至于连家都忘了回？“三天前……终于……”说明他找纺织娘已经找了三天；“瞧，我抓到了那只会唱歌的虫子”宣泄着他的欣喜。他为什么对找纺织娘有这么“浓厚的兴趣”呢？原来是纺织娘在花丛里的歌唱激起了他的好奇心。

第二件事，法布尔为了观察虫子、捉虫子而遭到父亲的训斥，是正面写。第七自然段第一句（过渡句）中“对昆虫的迷恋”和“强烈的兴趣”是中心词。“迷恋”比“好奇、热衷、入神”程度都要高，是全身心投入，是无论干什么都心向往之，是陶醉其中忘记一切，是长时间地沉溺于此。法布尔对昆虫的迷恋表现在：①那时他只有八九岁，正是活泼好动的年龄，可他却能“一动不动地趴在岸边，静静地观察”。②“每到早晨”说明他天天如此。③一只颜色特别的甲虫，他视之为“珍珠一般的‘宝贝’”，“小心翼翼”地拾起甲虫，“放进一个蜗牛壳里”保护起来，为的是“再好好欣赏”。④因为有了这个宝贝，他“欢欢喜喜”。⑤爸爸“怒气冲冲地吼”，责怪法布尔“老是捉虫子”，说明这样的事不是一次两次偶然发生了，而是很经常的，甚至于总是如此。⑥“爸爸的训斥没有驱散法布尔对昆虫的迷恋”，说明法布尔迷恋昆虫，已经到了不顾家长反对的程度。

两件事都不大，但却是典型事件，充分反映了法布尔观察昆虫、研究昆虫的兴趣。课文第七自然段总结，“这种兴趣，把法布尔引进科学的殿堂，使他了解了昆虫的世界”。后人特别在他的塑像上塑了两个高高鼓起的、好像塞满了沉甸甸的昆虫的口袋，这个奇异的装束，把法布尔对昆虫的兴趣形象化了。

从结构上看，本文的思路是“总—分—总”。先概括地说法布尔对昆虫有浓厚的兴趣；然后具体讲两件事，描写他如何观察昆虫，说明他对昆虫确有浓厚的兴趣，引导他后来成为研究昆虫的科学家。

2. 单元编排意图

本单元围绕“观察与发现”这一主题，选编了三篇主体课文《大自然的语言》《李时珍》《装满昆虫的口袋》和一篇自读课文《肥皂泡》，还有一个“语文天地”。单元主题“观察”，不仅仅局限于“看”，而是调动各种感官，由表及里，由彼及此，深入了解研究事物发展变化的规律，从而有所“发现”。《大自然的语言》是一首诗歌，通过介绍大自然的语言，激发学生观察大自然的各种现象的兴趣。《李时珍》是一篇人物传记，讲李时珍全面深入地了解各种药物，进而编写出了伟大的著作《本草纲目》。而《装满昆虫的口袋》这篇记叙文，通过童年法布尔捉昆虫的故事，告诉我们，兴趣是认真观察的基本动力。自读课文《肥皂泡》则把这种观察的兴趣，扩展到观察生活，体验生活。

“语文天地”中，“日积月累”指导学生辨析同音字，继续积累词语、古诗，仿写总分式的句子，学习用关联词语造句，还要积累有关气象的谚语并了解谚语的意思。“笔下生花”引导学生学习《肥皂泡》中的小朋友，细心观察生活，发现生活中的有趣现象，然后写下来；同时要求学生去验证天气谚语，选一条写下来。在前面练习概括的基础上，“金钥匙”继续指导学生练习概括。

3. 能力要点分析

《装满昆虫的口袋》所承载的能力要点主要从阅读方面来分析。三年级的学生在阅读中应该能够“联系上下文，理解词语的意思，体会课文中关键词语表达情意的作用”，如，在本课中，学生应该能够联系上下文，理解“浓厚、隐藏、无限、小心翼翼、欣赏、训斥、迷恋、强烈”等词语在课文中的意思，能够体会出“迷恋”这一关键词语在表达和突显法布尔对昆虫的喜爱之情的作用。“初步把握文章的主要内容，体会文章表达的思想感情”“初步感受作品中生动的形象和优美的语言”。

三年级下册课本很重视概括能力的培养。第三单元金钥匙中提到“读完课文，回想一下主要内容”。我试着用简洁的话说一说。比如,《松鼠》第一段写松鼠的外形。我发现，有的课文或段落是有关键词中心句的，比如《松鼠》中“松鼠是一种美丽的小动物”就是第一段的中心句；第九单元金钥匙提到“我总是不会概括读过的内容，一说就是很多话。可以和同学讨论，从自己概括的话中删去次要的内容，提炼关键的词句”；第十二单元金钥匙提到“我发现《美丽的小兴安岭》最后一个自然段概括了课文的内容。其他课文有没有这样的段落”？

因此,《装满昆虫的口袋》所要培养的能力要点应该是让学生学会提炼关键的词句，通过重点的词语来理解课文，概括主要内容。

（二）学情分析

学情分析要充分考虑学生已经掌握了哪些知识点，哪些能力要点是学生要通过这节课习得的，初步阅读了课文内容后，学生最感兴趣的点是什么。因此，本课的学情分析主要围绕课文内容与学生的联系、学生理解课文内容的难点以及学生的兴趣点三方面展开。创设真实的生活情境，让学生将真实的情感体验与文本内容相联系，帮助理解文本内容，真正走进法布尔的内心。

1. 课文内容与学生的联系

在知识点方面，本单元的教学重点是让学生学会提炼关键的词句，通过理解重点词语来理解课文，这也是本课教学的重点，中段以段的教学为重点，学生已经具有了感知理解段落的基础。

在生活经验方面，三年级的学生正处于八九岁的年龄，与课文中的法布尔年龄相仿，对法布尔的故事会比较感兴趣，他们在生活中也有很多自己感兴趣或特别喜欢的事物，学生能通过联系生活实际来理解课文内容。

2. 学生理解课文内容的难点

经过课前测可知，学生对“迷恋”的理解有所偏差，很多学生认为生活中对某一事物的喜欢便是“迷恋”。

3. 学生的兴趣点

经过课前对学生的访谈可知，课后题“哪几件事写法布尔‘迷恋’昆虫?法布尔的故事对你有什么启发?”“课文中有哪些词语表达了法布尔对昆虫的‘迷恋’，找出来，体会它们的意思。”并不是学生真正的兴趣点，学生真正想知道的是：为什么有些昆虫那么恶心，法布尔还那么迷恋它们呢？

二、教学目标的确定

依据教材分析与学情分析，本课第二课时教学目标确定如下。

（1）读课文，体会法布尔对昆虫的迷恋。

（2）感知“迷恋”一词，知道迷恋是获得真知的必要条件。

教学重点：读课文，体会法布尔对昆虫的迷恋。

教学难点：感知“迷恋”，知道迷恋是获得真知的必要条件。

【设计意图】抓住关键词理解课文内容是本节课的重点学习任务。根据学前访谈，学生对“迷恋”一词的理解存在偏差，因此将“读课文，体会法布尔如何迷恋昆虫”确立为教学重点。语文是一门工具性与人文性相统一的学科，能够将文本中学到的知识运用到实际生活中，这才是真正有所得，而这恰恰又是很难做到的，因此将“感知‘迷恋’，知道迷恋是获得真知的必要条件。”确立为本课的教学难点。

三、学习活动与设计意图

基于教学目标，本节课的教学活动及其设计意图如下。

课前预备活动：生活中，你有什么爱好吗？

【设计意图】设计此课前活动是为了唤醒学生的生活经验，让学生对着自己真实的生活体验，从而更好地理解课文的内容，另外，这一课前预备活动也能很好地拉近学生与文本的距离。

（一）自读课文，初步感知“迷恋”（6 分钟）

1. 自读课文，整体感知课文内容

2. 填写学习单 1

用“迷”组两个词。

从课文中找出 3 个“迷恋”的近义词或短语。

再写两个近义词。

学习单 1

迷恋①的近义词	
课文内	浓厚的兴趣③、无限的好奇心③、强烈的兴趣③
课文外	爱好④、喜好④、陶醉②、着迷②、入迷②

（括号内数字表示程度排序）

3. 了解“迷恋”的意思

【设计意图】让学生自读课文，是为了让学生从整体上熟悉课文内容，填写学习单，让学生参与到活动中来是为了让学生有参与感，真正调动学生的积极性，初步感知“迷恋”的意思。

（二）用“迷恋”衡量自己的爱好（4 分钟）

1. 小组交流，谈自己的爱好

2. 从学习单 1 中选一个比较符合自己情况的词语，填在学习单 2 第一行的（ ）中

学习单 2

法布尔（迷恋）	我（爱好）
1. 三天 早晨⟶夕阳快下山 2. 一动不动 忘了—— 不顾—— 3. 爸爸的训斥没有驱散 4. ……	1. 2. 3. 4.
观察与发现 科学的殿堂 昆虫学家 《昆虫记》	玩儿？

预设 1：好奇、有兴趣。

预设 2：用“迷恋”形容自己。

预设 3：没什么爱好，无词可选。

【设计意图】通过这一活动，学生能很好地将自己的爱好与法布尔的爱好进行对比，在对比的过程中，对“迷恋”有更加深刻的理解。

（三）我与法布尔比一比（1）（15 分钟）

1. 观察学习单 2 的内容

2. 第二至第六段至少读两遍

讨论：学习单中为什么在“法布尔”下面选择这几项内容？“4.……”表示什么？

3. 对照填写自己的表现

对照法布尔的表现，在学习单 2 右边写自己的表现。

只填词语不写句子。

预设 1：不知道该如何比，遇到这样的情况可以带领学生先比一项，填写示例。

预设 2：将找到的相关句子都抄写下来，遇到此情况要重申要求：只填词语不写句子。

【设计意图】本活动意在让学生进一步细读课文，抓住“三天”“一动不动”“没有驱散”等关键词语，体会法布尔对昆虫的迷恋。同时，让学生对照着法布尔的表现，在学习单 2 上写自己的表现，是为接下来的环节“我与法布尔比一比（2）”做铺垫。

（四）我与法布尔比一比（2）（10 分钟）

1. 讨论：同样是迷恋，法布尔和我们一样吗？有什么不同？

2. 简介法布尔的成就

预设 1：法布尔和我们不一样，他真的是太喜欢昆虫了，他无论在怎样的情况下都坚持观察昆虫，而我们有时可能因为一点困难就放弃了自己的爱好。

预设 2：法布尔和我们不一样，法布尔的迷恋让他成为伟大的昆虫学家，而我们的迷恋，就像手机游戏，有可能不但不能让我们有所成就，还有可能给我们带来伤害。

【设计意图】这一活动意在让学生将自己的爱好与法布尔对昆虫的迷恋做比较，让学生联系自己真实的生活体验，从而更好地理解课文的内容，对“迷恋”这一关键词语有更深刻的理解。

（五）复习巩固，延展学习

1. 有感情地朗读课文
2. 复读学习单，修改补充
3. 明确作业要求并做准备

课外阅读《昆虫记》，准备在阅读课交流。

期末前写一篇日记《我迷上了……》

预设：对于作业要求有些学生会不太明确，进而出现不知道该去如何完成作业，以至于最后出现不完成作业的情况，针对这一现象，要给学生提出明确的要求：只准备一篇，或朗读，或复述。另外，要让学生知道之所以将日记《我迷上了……》放在“期末前”交，是为了让学生有充分的实践机会，一定要在充分体验后再去写日记。

【设计意图】设计这一活动意在让学生在自己的实践活动中继续体会在课本中所学到的内容，让学生真正有所收获。

四、学习效果评价及说明

任何学习情境的创设都是为教学目标的实现服务的，因此，对于学习效果的评价必然离不开教学目标的实现程度，为了更好地了解本堂课学习效果，我设计了以下后测题。

（1）学完《装满昆虫的口袋》，你认为“迷恋”是什么意思，生活中你有真正迷恋的事物吗？

（2）期末前写一篇日记《我迷上了……》。

通过学生对后测题的回答，我们能清晰地了解通过本节课的教学，学生有没有真正体会“迷恋”的内涵。

五、教学反思

本教学设计的一大亮点在于设计了“我与法布尔比一比”这一活动，即

“我与法布尔比一比（1）”“我与法布尔比一比（2）”。“比一比”这一活动并不是一蹴而就的，而是在体验性活动链的理念指导下，有意识、有准备、有层次地展开的。

在正式进入课堂学习之前，我们做了一系列准备，首先，我们找到了比较的切入点，即“迷恋”。三年级的学生在阅读中应该能够“联系上下文，理解词语的意思，体会课文中关键词语表达情意的作用”，在本课中，学生应该能够联系上下文理解“浓厚、隐藏、无限、小心翼翼、欣赏、训斥、迷恋、强烈”等词语在文中表达情意的作用，而通过比较，我们不难发现，“迷恋”恰恰是理解全篇课文的最关键的词语。只有理解了“迷恋”，学生才能真正感受到法布尔对昆虫以及法布尔对科学那份发自内心的热爱。然后，是课前的准备。我布置了课前预习作业：想一想，在现实生活中，你有没有什么特别喜欢的事或物。以此为课堂学习时的“比一比”做准备。

进入课堂学习时，本设计采取了“三步走”的策略，有层次地展开。

第一步，让学生在整体感知后，为自己和感兴趣的事物找个词语。

第二步，在课文内，贴着语言文字行走，在字里行间找到自己和法布尔的不同。

第三步，基于课文，又走出课文，在对比中介绍法布尔的成就，以法布尔的成就激励学生，同时引发学生对自己生活经验的反思：什么是有价值的“迷恋”？真正的“迷恋”是什么表现？自己如何落实到行动上？为课后的习作做铺垫。其实，正是因为和学生的生活经验对接了，带着自己的经验走进文本，行走字里行间，而且不止一个回合，在这个过程中，读别人的故事，想自己的事儿，生活体验与阅读体验交织在一起。走出文本，再反思、再沉淀，则是新体验、新思考，只有这样的阅读才是入心的阅读、才是“动天君”的学习。如此往复，学生的思想认识提升了，语言表达有了历练，那么习作能力也会潜滋暗长。

问题链引出新发现，真体验酝酿真感悟

——《一双手》教学设计

中国农业科学院附属小学　曹丽欢

《一双手》是北师大版小学语文教材四年级下册第四单元“手”中的主体课文。教材前三个单元主体课文的小“金钥匙”中，着重辅导学生针对课文人物、条理结构、运用“是什么”“怎么样”“为什么”进行提问质疑。第四单元起尝试解决自己所提出的问题。鉴于此，本教学设计基于学生生活经验及体验，聚焦“一双手”，在阅读中能够自主有效质疑解疑，感悟人物精神。

一、教学背景分析

《语文课程标准（2011）》第二学段目标中提出“学生能对课文中不理解的地方提出疑问”并且“能联系上下文，理解词句的意思，体会课文中关键词句表达情意的作用”。在阅读教学实践中，不仅培养学生有问题意识，能提出有价值的问题，更可以借助标画品读重点语句等阅读策略，自主解疑，引导学生准确感知课文内容，理解人物精神，学会独立阅读。

（一）教材分析

为了使学生有问题意识，能提出有价值的问题，更可以借助阅读策略解决问题，学会独立阅读。北师大版小学语文教材从四年级上册起就通过金钥匙来辅导学生标画问题，筛选分类处理所提出问题。在此基础上，四年级下册前三单元着重辅导学生练习用“是什么”“怎么样”“为什么”来善于提出有价值的问题，第四单元培养学生初步学习解答自己提出问题的方法。在阅读中标画并品味重点词句理解课文内容。《一双手》是四年级下册第四单元“手”中的第二篇主体课文。这是一篇采访稿，却没有大段大段的对话来宣扬人物的事迹和精神，反而仅仅近距离具体地描写了让作者难以忘怀的“一双手”。面对此种情形，易于学生提出质疑，在质疑中激发学生阅读探究原因的兴趣，通过多个活动的链接，逐步剖析，层层解疑，从而由表及里。

1. 课文内容解读

《一双手》是姜孟之记者所写的一篇采访稿，采访了全国“五一劳动奖章”获得者林业工人张迎善。在这篇文章中，姜记者以林业工人张迎善的一双手作为特写镜头，向我们展示了一双又大又有力、坚硬、粗糙并且伤痕累累的双手，它“活像半截老松木；掌面像鼓皮一样硬，布满老茧，手指肥圆，一个手指似三节老干蘑……”让我们透过这双手来探寻主人公张迎善的事迹，感受这双手的主人林业工人张迎善为了创建绿色金库所付出的艰辛劳动，以及他质朴美好的心愿和敬业奉献的精神。

本文构思新颖，没有大段地讲述人物优秀事迹，而是别开生面地抓住一双最具有特点的手来表现人物。作者把握住了“一双手”与一个林业工人的关系，通过“一双手”侧面认识了林业工人。以“一双手”入题，通过我的“握手、看手、说手、量手”体会张迎善这双手的与众不同。在表达中，作者压缩了谈话的过程，调动了自己的感官，综合运用了自己的视觉和触觉来描写手的外形特征，从手心到手背，从手掌到手指甲，层层渐深渐细，并运用了比喻修辞手法形象地描写出张迎善手的样子，给人留下了深刻的印象。而且在观察的过程中，作者围绕这双手仅通过三个问题“指关节缠线做什么？”“手裂贴胶布涂手油多好？”“你一天能栽多少棵树？”让我们知道了为什么张迎善的一双手会这样与众不同。采访张迎善的结尾处，作者又通过“量”的方式展现了张迎善的手大，“天下第一号大手”也象征着张迎善付出大、贡献大，又一次“回搓”这双大、硬、粗而有力的手，引导读者再次体验张迎善的手，不免心中升起敬佩之情。

这样的一双手到底创造了什么，做出了怎样的贡献？林业局工会负责同志没有泛泛而谈，而是通过列举了很多数字，让我们真实而具体地看到这双手所取得的巨大成绩和付出的超乎常人想象的艰苦努力，再次点出这双手的不同寻常，感受人物的精神品质。

2. 单元编排意图

手是人类最神奇的一个器官，是我们身体的一部分，和我们的生活息息相关。它可以是劳动工具、是创造的凭借，也可以想象成传递情感的桥梁。本单元以“手”作为主题，分别从友爱、劳动和科学知识等不同角度不同体裁上选编课文，突出了手的不同作用及借手这个劳动工具以赞人。聚焦“手”共选编了四篇课文：作为主体课文的《我们的手》《一双手》和《手上的皮肤》以及“语文天地”中的一篇自读课文《手指》。《我们的手》以诗歌的形式，运用比喻的修辞手法，想象是什么，又有哪些作用，形象地表达了手所传递的友爱和关怀，体会手在传递情感方面的作用，抒发了诗人对美好生活的向往;《一双手》从手的角度写了张迎善的巨大贡献，赞美了普通劳动者的勤劳敬业的高尚品质；说明文《手上的皮肤》写出了手上皮肤的特点和功能;《手指》则把五个手指的形态、性格和作用有详有略地做了介绍，洋溢着喜爱之情。四篇文章内容不同，体裁不同，却从不同角度写出了手在无论在真实生活中，还是在情感表达中的不同作用，抒发了赞美之情。

此外,“语文天地”也涉及了与手相关的一系列练习。在日积月累中，积累带“手”字的成语，初显身手中，做与手有关的游戏，观察手的动作并描绘出来。笔下生花中，以手作为写事的表达角度，观察周围人的手，选择自己特别感兴趣的手，并借鉴《一双手》的写法，启发学生如何观察和描写一双手，有条有理地写出与之有关的事情。

3. 能力要点分析

学生不仅要敢于提问，还要善于提问，并尝试自己解答自己提出的问题，学会独立阅读。四年级学生在阅读中应该“能对课文中不理解的地方提出疑问，把握文章的主要内容，体会文章表达的思想感情”“借助生活积累，理解生词的意义”及“能联系上下文，理解词句的意思，体会课文中关键词句表达情意的作用”。

具体而言，为了提出有价值的探究性的问题，本册教材前三个单元主体课文的小“金钥匙”中，辅导学生针对课文人物、条理结构、运用“是什么”“怎么样”“为什么”进行提问质疑。在本课的学习中，应继续落实用“是什么”“怎么样”和“为什么”进行提问，恰好可以从课文题目《一双手》入手，鼓励学生针对课题进行质疑，激发学生自主阅读与探究的兴趣。基于此，学生运用之前所学的标画和品味重点词句，再加之第四单元“金钥匙”指导学生初步学习解答自己提出问题的方法：看上下文，把握文章的整体内容、思想、感情、风格，以解答具体的问题，来感知张迎善的精神。

总之，学生在阅读的过程中，针对课题质疑，提出有价值的问题，借助标画、品味重点词句，联系上下文，从整体上把握文章内容，深刻感悟人物精神，形成个性化的阅读理解。

（二）学情分析

课题有效质疑，学习尝试自己解决自己所提出的问题，感悟张迎善的高尚情操和无私奉献的精神是本节课主要的教学任务。因此，学情分析主要从感受张迎善精神和质疑解疑两方面展开。

1. 学生感受张迎善精神的基础

在阅读教学中，学生为了能够感受张迎善为了创建绿色金库所付出的艰辛劳动及敬业奉献的精神，就要先了解张迎善有一双什么样的手及他的手为什么会变成这样。在这点上，学生主要存在两方面问题：一方面是学生可以找出张迎善手的一些特点，但标画不全面。例如，学生在自读时可以通过标画重点字词和批注的方式，写出“硬、粗糙、大、有力”但可能会遗漏以下两点：木色、染着黑土色——看不出原来肌肤的颜色；没有指甲、裂纹——伤痕累累（受伤）。另一方面，80% 的学生了解了张迎善手的特点，了解了之所以变成这样的原因，但没有深刻感受。例如，学生可以结合课文内容，通过标画重点词句的方法，能够画出这双手像“老松木”“鼓皮”和“老干蘑”，说出这双手很硬很粗糙。知道因为栽树是手活，要用手把苗送进土里。但知道并不等于感受到。学生对这些生活中不常见的事物没有体验，不能形成一定的感性认识，感受不到这双手到底多么硬，多么粗糙。把苗根送进土里，每一根苗，手要往土里插三四次的情境是什么样，这双手所遭受什么。当这双手带着伤时，依然硬往土里插，而且还是几万次，甚至是几十万次的插。这个过程，是多么痛苦，需要多大的忍耐力和毅力。学生没有深刻的感受，进而对张迎善这个人的理解就比较泛泛，易于形成口号似的高尚道德标签。学生对课文内容的感知与理解都源于学生对生活的认知，学生有了对生活的观察和体验，才能有更深刻的感受和理解。除此之外，再介绍张迎善做出的贡献时，文章涉及了许多专业用语，学生比较陌生。如：垧、层积、迹地和次生林等。

针对以上学生学习基础，这就需要在教学前或教学中设计适当体验准备活动，勾连学生的生活，在一定感性认知的基础上，再引导学生品味语言，理解课文内容，更能激发学生内在的情感，感悟张迎善的精神。

2. 学生提出有价值问题及解决问题的具体困难

通过前三个单元的学习，学生知道可以用“是什么”“怎么样”“为什么”提出比较有价值的问题。前面仅是“学习”，还远没有达到“会”，也没有形成习惯。所以本单元的教学重点依然是继续练习用“是什么”“怎么样”“为什么”来进行自主提问。

不仅要善于提出问题，同时还要引导学生学习解答自己提出的问题。那么如何解答，学生之前一般会自读课文，借助标画重点词句，简要批注的方式理解课文主旨。在标画重点词句中，大部分学生可以较为准确的标画，但是也有学生在标画的过程中显示出不分主次，进行大段的标画的现象。在交流时，只关注某一点来谈，没有形成贯穿全文，整体把握文章内容的意识。

二、教学目标的确定

依据教材与学情分析，本课第二课时教学目标确定如下。

（1）正确、流利、有感情地朗读课文。

（2）练习标画并品味重点词句，了解主人公张迎善手的特点，探究原因，感受张迎善在平凡岗位中敬业奉献的精神。

（3）继续练习用“是什么”“怎么样”“为什么”来进行提问，联系上下文、整体把握文章内容，尝试自己解决自己提出的问题。

教学重点：练习提问，标画并品味重点词句，联系上下文，整体把握文章内容，尝试自己解决自己提出的问题。

教学难点：感受张迎善所付出的艰辛劳动及平凡岗位中敬业奉献的精神。

【设计意图】通过阅读方法的学习和运用理解张迎善敬业奉献的精神及高尚的情怀是本节课的核心学习任务。阅读方法知道，但熟练运用还存在困难，因此在教学中继续落实阅读方法的运用，反复练习。依据学情分析，张迎善的工作和生活经历对于学生来讲是陌生的，没有经历上的共鸣，很难有情感上共鸣，更难理解人物的精神。所以感受张迎善所付出的艰辛劳动及平凡岗位中敬业奉献的精神则是本节课教学难点。

三、学习活动与设计意图

基于教学目标，本节课的教学活动及设计意图如下：课前体验活动。

（1）看一看，摸一摸“老松木”“鼓皮”和“老干蘑”。

（2）栽树是手活，要用手把苗送进土里。尝试体验把手插在土里的感觉。

【设计意图】有体验才有深刻的理解。学生对这些生活中不常见的事物有了体验，形成了感性的认识，为感受张迎善手的与众不同和理解面对艰辛的劳动有着坚毅的品质做好准备。

（一）课题质疑，梳理问题（5 分钟）

1. 针对课文题目质疑：用“是什么”“怎么样”“为什么”进行提问

2. 梳理问题：问题分类，依据内容和主旨进行归纳、合并，形成问题链

预设 1：张迎善的手是什么样子的？

预设 2：张迎善的手怎么会变成这样？

预设 3：为什么张迎善的手变成这样还坚持植树？

【设计意图】关于质疑能力，四年级上册就明确指出自己能提出问题，提出比较有质量的问题，会分类处理所提出的问题。四年级下册前三个单元主体课文的小“金钥匙”中，依然是关于提问的指导，如何提出有价值的探究性的问题，辅导学生针对课文内容、人物、层次结构、语言用“是什么”“怎么样”“为什么”提问。这也是本册教材的教学重点，需要落实到平时的教学中，进行反复实践，同时也可以激发学生自主探究和学习的兴趣。

（二）自读课文，提取信息（10 分钟）

1. 默读课文，批注

用“—”画出文中描写主人公张迎善手的特点，标出重点词语并尝试批注

感受。

2. 体验活动

根据数据画一画这双大手，以自己所熟悉的手进行参照对比。

3. 讨论

这是一双什么样的手呢？能够让人念念不忘。

讨论要求：一个小组成员发言，其他小组成员认真倾听，补充修正。提出的信息是否准确并全面。查看是否按照要求运用了批注符号。

4. 汇报交流

交流要求：读原句—重点字词—批注。

预设 1：张迎善的手：硬、粗糙、大、有力、木色、染着黑土色。没有关注到他的手没有指甲，还布满裂纹，这些都说明张迎善这双手已经伤痕累累。

引导：请大家再回读课文，看看这双手除了硬、粗糙、大、有力、木色、染着黑土色，还是什么样的？

预设 2：左手大拇指没有指甲，刻着黑且深的裂纹。

追问：为什么用“刻”，而不是用“有”？有着黑且深的裂纹。

预设 3：说明受伤时间很长，伤得很深，都不会好了。

5. 完成填空并自由读，指名读

张迎善的手又______又______，______而______，______还______。

【设计意图】了解张迎善这双手与众不同的特点是感知人物精神的基础，为接下来的学习打下铺垫。自己可以画一画、比一比，学生练习运用标画重点词句的方法进行批注阅读，对张迎善的这双手有了完整的认识和感受，再读，触动内心，它不仅粗糙、硬，还伤痕累累……同时也让学生产生了疑问，他的手为什么变成这样，引起阅读探究兴趣。

（三）感知数字，探究原因（17 分钟）

1. 探究原因

这就是年仅 32 岁张迎善的手，他的手为什么会成为这样？

预设 1：栽树是个手活，穴里的草根根、石块块得用手拣出来。要用手把苗送进土里。学生可以说出以上信息，但不能联系上下文，还没有意识到这双手到底往土里插了多少次。

追问：课前体验活动中，同学们也体验了把手插进土里是什么感觉？

预设 2：有点磨皮肤；多插几次手都红了；有点疼；

2. 补充资料

阅读资料，了解张迎善一双手所插进的是冰冻的泥土里，深化感受。

为了把林造好，他每年春季都是在冰冻层还没有化透时，再把土块整细，把苗栽好。一双手在冰冻的泥土里一泡就是十几个小时，时间长了十个手指裂开了口子，肿的溜圆，可他仍坚持干。

3. 交流

张迎善在这么恶劣的环境下，为了把苗栽好，仅仅插几千次，几万次吗？大家联系上下文，算一算这双手到底插了多少次，让记者不禁感慨“这双手亏得是肉长的，若是铁铸造的，怕也是磨光，磨透了。”

4. 结合生活，列举生活熟悉的例子，理解地的面积单位——垧

与学生熟悉的教室相联系，1 垧等于多少间教室。让学生算一算 33 垧 +44.5 垧相当于多少间教室，1 300 立方米的木材和 3 500 层积立方米的枝丫可以堆满多少间教室。

5. 理解张迎善所付出的艰辛劳动和敬业奉献精神：这些数字说明了什么？

预设：张迎善勤劳敬业；坚韧意志；为国家作出了巨大的贡献。

【设计意图】结合学生的生活，与学生熟悉的教室相联系，在圈画、演算体验中思考，真实地感受到张迎善这位普通的林业工人取得不普通的成绩，透过成绩，感受其背后所付出的超乎常人想象的艰苦努力，为理解他敬业奉献的精神打下铺垫。

（四）整体感知，书写心得

1. 完成学习单

我__________张迎善（对张迎善评价），因为______________（说明理由）。

2. 生生交流

【设计意图】以链连接，由浅入深，层层推进。这一环节的设计，一方面引导学生再次回到课文，联系上下文，整体把握文章内容。另一方面，引导学生用课文中的内容作为阐述理由，加深对课文的理解，感悟精神。

四、学习效果评价及说明

感悟张迎善敬业奉献的精神是本课教学难点。基于学生最后所完成的学习单，借助这个评价标准，可以发现学生是否能够联系上下文，从整体内容上了解了一位普通林业工人张迎善在自己的岗位上付出的艰辛劳动为国家所创造的巨大财富，真正深刻地感悟张迎善无私奉献的精神，而不是空喊口号。

等级	评价标准
不合格	价值观有问题，贬损文章中的人物
三级	价值观正确 说明理由：有人物事迹 语言通顺
二级	价值观正确 说明理由：有人物事迹 + 人物精神 语言通顺
一级	价值观正确 说明理由：有人物事迹 + 人物精神 语言通顺 能联系现实 / 自己谈感想

五、教学反思

以“一双手”为课题，引发了学生质疑的兴趣，梳理问题，形成问题链。在一步步探究解疑的过程中分别从颜色、纹络、掌面、手指、关节等几个方面的细节描写来了解这双手，在此基础上探讨形成原因，从而来感受张迎善的美好心灵，感悟人物精神，这也是本课学习的重点和难点。

但这篇课文情境离学生生活比较远，文中的“老松木”“鼓皮”和“老干蘑”，学生能够在脑海中想象出来，但摸起来到底是什么样的感觉？“栽树是手活，要用手把苗送进土里。”送进土里看似简单，背后又是怎样的艰辛，对于这些学生都没有切身的体验。关于文中提到的“垧、层积立方米”等专业计量单位，学生也不能真实感知。但必要的切身体验为理解课文、感悟人物精神提供了基础。填补学生体验的空白，将不熟悉的、抽象的单位变换为具体的、形象的、可直接感受到的，比方设置课前体验活动：看一看，摸一摸“老松木”“鼓皮”和“老干蘑”；尝试体验把手插在土里的感觉。结合生活，与学生熟悉的教室相联系，在圈画、演算体验中思考。这些都为感悟精神做了铺垫。

以问题链接，激发学生探究的兴趣。在探究的过程中加之必要的切身体验，在师生、生生对话中帮助学生将无声的文字变成了有血有肉的人物形象，从而让一个看似普通实则不普通的林业工人——张迎善在学生的心目中立起来。

情境阅读学标要点　提取信息侦破案情

——《手上的皮肤》教学设计

中国农业科学院附属小学　胡　鑫

以北师大版小学语文教材四年级下册“手”单元中的主体课文《手上的皮肤》为例，本篇教学设计通过设置破案情境，让学生在学习过程中掌握标要点这一重要的批注方法，运用所提取的关于手上皮肤的知识解决情境中的问题。

一、教学背景分析

四年级作为小学第二学段的最后一学年，既是对第二学段学习的总结，也是为小学高段的学习做准备。随着课文内容的增加，阅读能力的培养成为语文学习的重要环节。

（一）教材分析

从四年级上册开始，语文天地金钥匙中就开始提到如何做批注，到了四年级下册，通过金钥匙的学习，逐渐引导由此开始引导学生从“批画”到“批注”。四年级下册第四单元《手上的皮肤》课后的金钥匙引导学生学会用标要点的方式标出指纹特点和作用的三个方面。

1. 课文内容解读

本文围绕“手上的皮肤”展开，贴近学生真实生活。学生可以一边学习课文，一边研究自己手上的皮肤。《手上的皮肤》是一篇普及生理卫生知识的科学小品，意在“普及”，语言比较通俗、生动、活泼；同时也兼具说明文的特点，结构清晰，语言准确。本文在表达上运用了一些说明方法，例如举例子、列数字、分类别、打比方、作比较等，起到了很好的表达效果。

2. 单元编排意图

基于“手”这个主题，从友爱、劳动、科学知识等几个方面选择了三篇主体课文，一篇自读课文，分别是《我们的手》《一双手》《手上的皮肤》《手指》。《我们的手》重在引导学生通过朗读体会手在传递感情方面的作用。《一双手》从手的角度写张迎善的贡献，赞美劳动者勤劳敬业的高尚品质,《手上的皮肤》写出了手上皮肤的特点和功能，培养学生快速搜索主要信息的能力。“开卷有益”中的《手指》语言优美、生动，把五个手指的形态、性格、作用惟妙惟肖地做了介绍。手是劳动和创造的工具，也是传递情感的桥梁。通过本单元的学习，学生会对每天都在使用的双手有新的认识，小小的手居然蕴含着大大的智慧！除了课文,“初显身手”引导学生在游戏中体会手的灵巧,“笔下生花”鼓励学生结合学习的课文去观察、感受自己熟悉的手，了解这双手背后的故事，体会手所传递的情感和爱。

从单元间的关系来看，本课作为本学期学习的第一篇说明文，通过学习课文的语言特点、说明顺序、说明方法，对于后续说明文的学习也有很多指导作用。

3. 能力要点分析

在四年级上册第三单元的语文天地金钥匙中提到：自读时，我在重点词语下加△，在重点句子下画直线。四年级上册五单元语文天地金钥匙进一步指导学生对批画进行修改：开始自读时我画出来不少词句，经过反复阅读和交流，我才找到了真正重要的词语和句子。我对原来的标记做了修改。

四年级下册第二单元《三月桃花水》中，告诉学生阅读时，可以简要地记下心得体会，例如在第三、第四自然段旁边写“声音”。由此开始引导学生从“批画”到“批注”。

四年级下册第四单元《手上的皮肤》中金钥匙引导学生学会用标要点的方式标出指纹特点和作用的三个方面。至此总结出了批注笔记的三个方面。即：

①标记问题；②圈画重点和精彩的词句；③标出要点。

（二）学情分析

学生的好奇心、求知欲很强，对于说明文的学习，需把握语文教育的特点，尊重学生在学习过程中的独特体验，充分激发学生的主动意识和进取精神。

由于说明文具有准确、严密的语言特点，学生在学习过程中会感觉有些枯燥。为了更好地提升学生的学习兴趣，我注意到了课文中说到“公安人员经常用在犯罪现场取指纹的方法抓坏人”，选择了以一个案情作为情境导入，并贯穿在教学过程中。

课前，我对班级 44 名同学进行了前测。

（1）课文讲了关于手上的皮肤的哪些方面的知识?

（2）能否用简洁的语言概括手上皮肤的特点和作用。

从前测中笔者发现学生能够抓住课文的主要内容，找到课文介绍了关于手上皮肤的厚度、手纹和褶皱、指纹、指甲等方面内容，也能区分出特点和作用，学生能定位到具体的语句，但是如何用简洁的语言概括出来却让学生为难。为此，在设计教学时，我的教学重点和难点集中在指导学生学习金钥匙提供的标要点的方法。

二、教学目标的确定

依据教材分析与学情分析，本课的教学目标确定如下。

（1）找到课文中所讲的手上的皮肤不同方面的特点和作用。

（2）结合金钥匙学习标要点，并用简洁的语言概括。

（3）明确文章结构和写作顺序。

（4）初步了解打比方、列数字、作比较等说明方法及其作用。

教学重点：学习标要点的方法，并将手上皮肤的特点和作用用简洁的语言概括出来。

教学难点：①学习标要点的方法，将手上皮肤的特点和作用用简洁的语言概括出来；②初步了解打比方、列数字、作比较等说明方法的作用。

【设计意图】结合课后思考题和金钥匙，以及说明文的特点设计教学目标。依据前测设计教学重难点。

三、学习活动与设计意图

基于教学目标，本节课的学习活动及其设计意图如下。

课前预备活动：讲关于手的故事。

【设计意图】手是每个人看似十分熟悉的事物，通过观察手，讲述关于手的故事，一是让学生有新的发现，二是通过学生讲述的关于手的故事，选择设置贴近学生生活、与课文内容相符的教学情境，让学生在真实情景中学习。

（一）情境导入（3 分钟）

王伯伯经营一家店。一天，一个可恶的蒙面小偷潜入店内窃取财物。王伯伯发现了他，试图抓住小偷。在争执中，王伯伯接触到小偷的手，并且弄伤了小偷的指甲。可是小偷身强力壮，王伯伯根本不是他的对手。王伯伯想报警的时候，小偷抄起一根木棍将王伯伯打晕了。王伯伯的店里没有监控，案发当时也没有目击证人。

（1）想要破案，需要我们了解哪里的信息？（手）

（2）如果我了解了更多关于手的知识，一定能尽快破案的。那今天我们就来学习一篇和手有关的课文。板书课题《手上的皮肤》。

【设计意图】：由于说明文语言比较平实、追求准确，学生在学习过程中会感觉有些枯燥。为了更好地提升学生的学习兴趣，我注意到课文中“公安人员经常用在犯罪现场取指纹的方法抓坏人”这一信息，选择以破案的情境激发学生的学习热情，引领学生迅速进入课文学习，也是为了更有效地实现说明文的阅读价值——快速提取关键信息。

（二）浏览课文，整体感知（5 分钟）

能从众多线索中找到有效的信息，是侦探必不可少的素质。那老师就来考考你，请你在 3 分钟之内完成你手上的快速阅读，看看老师给的信息是否正确。

快速阅读，判断对错。

1. 身体其他部位的皮肤厚 0.4 毫米，而手掌和手指上的皮肤厚度是其他部位的 5 倍。(　　)

2. 假如没有手心上的纹路和手背关节的褶皱，手依然可以弯曲。(　　)

3. 人手心的纹路有先天的因素，也有后天职业形成的因素，因此每个人的手纹各不相同。(　　)

4. 手指上有许多图形，叫作“指纹”。(　　)

5. 每个人的指纹都差不多。(　　)

6. 如果不慎损伤了指甲，会一直留着痕迹。(　　)

【设计意图】从每个自然段选择要点和易错点设计题目，学生能结合快速阅读的题目默读课文，对课文有整体感知，同时也锻炼学生认真的学习态度，要学会一字一句地对照课文进行判断，不要忽略“大约”“手指肚”“整齐有规律”等关键词语。

（三）细读“指纹”，学标要点（20 分钟）

1. 学习金钥匙——标要点的方法和步骤

回归案情，锁定第四自然段（利用指纹抓坏人）

学习金钥匙：第四自然段从三个方面说明指纹的特点和作用，可以在课文上用①②③标出。

找—缩—画—说四个步骤

找：找到第三句是指纹的（特点）。

缩：从这句话里找到几个词语让大家更清楚明白呢？（与别人不同、终生不变）

画：在这两个短语下面画横线。

正是因为指纹具有与别人不同、终生不变的特点，因此它有什么作用呢？找到简洁的词语来概括，可以在下面画上波浪线。

这就是指纹的第一个特点和作用，可以在这句话前面标①。

结合所标的要点用一句话概括出来指纹的第一个特点及作用（因为每个人的指纹与其他人不同，终生不变，所以公安能取指纹抓坏人）。

练习用标要点的步骤和方法学习指纹的第二个、第三个特点和作用。

【设计意图】本课的重点和难点是学习如何标要点。通过前面案情设置，学生迅速将关注点集中到了第四自然段，顺势进入金钥匙的学习。在学习过程中，先由老师指导学习指纹的第一个特点和作用，完成找句子—缩成词和短语—做批画、标序号—口头概括四个步骤，使学生明确标要点的方法和步骤。

2. 概括指纹的特点和作用

学习了指纹的知识，结合板书，精炼语言概括指纹的特点和作用。

【设计意图】练习运用金钥匙中标要点的方法对指纹的第二个、第三个特点和作用进行自学。在全部学完三个要点之后，指导学生结合板书，精炼语言概括指纹的所有特点和作用，锻炼学生的概括能力。

（四）练习标要点，并学习说明方法（10 分钟）

如果我们了解更多关于手上皮肤的知识，一定可以加速破案进程的。你快找找手上皮肤的其他方面还有什么特点和作用？小组之间讨论讨论吧！

1. 厚度 防止受伤

找到“厚”“茧子”两个关键信息。通过找到“茧子”这一特点。观察自己的双手，让学生意识到茧子需要长年累月才能形成，从而理解茧子具有防止皮肤受伤的作用。

概括厚度方面的特点和作用。

侦探在破案时通常会问当事人一些问题寻找更多线索。那通过这个自然段的学习，你有问题要问王伯伯吗？

【设计意图】学以致用，一是练习标要点的方法，二是筛选出来有用信息协助破案。如学生可能会问“小偷的手上是否有茧子”“茧子的位置在哪里”从而判断小偷的职业范围。

2. 你还有什么问题想问问王伯伯吗？我注意到了王伯伯曾弄伤了小偷的指甲，这个线索有用吗？

指甲生长，保护手指和帮助手指工作。

所以作为侦探，我们还要学会删减没用的信息。

相信有了你们的帮助，王伯伯一定会回忆到更多细节，警方一定可以尽快破案的。

【设计意图】以侦破案情贯穿其他自然段的学习，学生在小组讨论中一边研究自己手上的皮肤，顺势了解列数字、作对比等说明方法，一边根据课文中的信息思考可以向当事人询问哪些问题加速破案进程，学生能够一直保持学习兴趣，并巩固练习标要点和概括主要内容。

（五）提取手上皮肤其他方面的关键信息

手纹和褶皱又有什么特点和作用呢？

纹路、褶皱，抓握东西。

手纹各不相同，反映经历。

【设计意图】完成本篇说明文的阅读价值，提取关于手上皮肤其他方面的关键信息。

（六）了解说明文的说明方法

为什么能够这么快地提取出关于手上皮肤的信息，其实还是在于文章说的很清楚。作者是如何做到这点呢？我们合上书，再来回想一下，课文中有没有哪些地方的表达让你印象深刻呢？

1. 了解打比方的说明方法

出示两个句子，对比“指纹有如自行车外带上的花纹，可以加大手指的摩擦力，……东西不至于滑落。”和“指纹可以加大手指的摩擦力，……东西不至于滑落。”了解这种形象的表达方式在说明文里就叫打比方。

【设计意图】对比两个不同的句子，使学生体会到打比方的说明方法非常形象。

2. 了解列数字、作比较的说明方法

通过学习，我们知道手上皮肤比其他地方皮肤厚，那究竟厚到什么程度呢？你能更准确地告诉我们吗？（0.4，5 倍）我们可以拿出自己的尺子看一看。我们平时肉眼观察手伤皮肤感觉挺薄的，可是通过列数字和作比较的说明方法，一下子就准确、清楚地感受到手上的皮肤很厚了。

【设计意图】学生通过使用尺子测量，准确感受到手上皮肤的厚度，体会到列数字和作比较的说明方法准确、明白，让人一目了然。

（七）总结课文，了解写作结构和说明顺序（2 分钟）

通过这节课的学习，我们知道了很多关于手上皮肤的特点和作用，那你能从课文中找到一句话来概括吗?

引导学生从课文中找到概括全文的语句，提示学生关注句子的位置:“我们每天都在使用双手……有趣的地方。”位于开头总起全文,“手的用途多，手上的皮肤学问也多。”位于结尾总结全文。中间的段落都在详细说明手上皮肤的特点和作用，这样的写作结构叫作总—分—总。

结合板书提示学生中间段落的说明顺序是从整体到局部。总结观察有序，说明有序，我们才能学得更明白，这也是说明文的特点。

推荐拓展阅读丰子恺的《手指》，看看五个手指头中又藏着什么秘密吧!

【设计意图】回归课文整体，对课文整体的写作结构有一定的把握，让学生明白观察有序，说明有序，读者才能读得更明白，这也是说明文的特点。推荐阅读《手指》，既和《手上的皮肤》由内容上的关联，同时两者的写作结构也有一定的相似性，学生可以借此继续练习如何标要点。

四、学习效果评价及说明

1. 学生能运用金钥匙的方法标注要点，并用简洁的语言进行概括

2. 学生能结合课文所学，运用了解到的手上皮肤的知识帮助破案

本课学习效果的评价设计，一是基于文本，一是基于能力。通过文本学习，学生能够解决情境中的问题；通过学习标要点，则是培养学生的批注能力。通过两个维度的设计，实现语文学习工具性和人文性的统一。

五、教学反思

1. 情境当中学标要点，实现说明文的阅读价值

说明文作为语文教材中科普面广、知识性强、应用全面的知识载体，在语文教材中具有重要的价值。说明文以严密规范的科学语言，具有实用性和工具性的特点，学生在严谨规范的文章中科学的认识事物的特征属性。说明文最重要的阅读价值就是提取信息，可是这也导致说明文的内容往往比较枯燥，学生容易产生厌学情绪。对于说明文的学习来讲. 学生的“学”十分重要，因为客观事物的特征、本质及规律需要学生去思考、去摸索、去研究。在说明文教学

中，特别要注重调动学生的主体性和积极性，让学生积极参与到说明文学习中去发现问题、解决问题，从被动转向主动。

基于上述思考，笔者想到要根据文章内容创设情境，这才是激发学生学习兴趣和自主探究的有效途径。只有为学生创设一种学习语文的环境，才能使课堂教学形象化、趣味化、交际化。因此在设计本课时笔者先安排学生去搜集有关手上皮肤的故事，从学生的生活中选取适合的情境。通过前期筛选，笔者注意到了学生讲到了运用指纹破案的故事，这个故事让听众很感兴趣，且该故事与课文内容相符，于是笔者选择以破案的情境激发学生的学习兴趣，利用课文中学到的知识解决情境中的问题，学以致用。学生在此情境中学习“金钥匙”中如何标要点的方法和步骤，从而加速提取信息，帮助破案。破案的情境让课堂氛围保持活跃，学生能够维持学习的热情。

在提取完与破案有关的关键信息之后，通过提取手上皮肤其他方面（手纹、褶皱）的关键信息，继续练习标要点和用简洁语言概括，实现帮—扶—放的教学过程，夯实学习标要点这一重要的批注方法，同时也实现了说明文的重要阅读价值—即提取信息。

结合了解到的关于手上皮肤的知识，向当事人询问的过程也是在锻炼学生的思维，养成实事求是、崇尚真知的科学态度，掌握科学的思想方法。由此语文学习的工具性和人文性价值实现统一。

2. 跳出情境再反思，体会说明文的说明方法、写作结构和说明顺序的好处

在情境之中提取信息，实现了说明文的阅读价值。随后跳出情境再思考，为什么我们能这么快就从文章中提取到了有用的信息呢？是因为说明文有一些特殊的说明方法，正是因为本篇课文运用了列数字、作比较、打比方等说明方法，才让读者更清晰、准确、快速地明白手上皮肤的特点和作用。最后的总结环节，让学生对课文整体的写作结构有一定的把握，更是让学生明白观察有序，说明有序，读者才能读得更明白，这也是说明文的特点。正是因为说明文具有这些特点，才能更好地实现说明文的阅读价值。从文本的安排来讲，本篇课文作为本册书第一篇说明文，学生能初步了解说明文的说明方法、写作结构和说明顺序，对于后续说明文的学习也颇有益处。

在“有设计”的朗读中走进诗歌的情境

——《下雪的早晨》教学设计

中国农业科学院附属小学　吕昭苏

北师大版小学语文教材四年级上册最后一个单元“雪”的最后一篇主体课文选取了艾青的诗歌《下雪的早晨》，这首现代诗的主旨含义较为隐晦，有着不可回避的作者心绪和浓厚的时代气息。本教学设计着力通过体验性活动链在阅读教学上实现“学生在积极主动的思维和情感活动中，加深理解与体验，有所感悟和思考”，引导学生通过反复的朗读活动品读诗歌，借助资料读懂诗语，感悟诗心。

一、教学背景分析

四年级是中段的起点，学生在对文本的把握上逐渐接近作品本身传达的思想感情，逐渐与作者的思想感情合拍，对作品的感受与理解也达到基本到位的水平。同时经过前三年的语文学习实践，学生应该已经具备了一定的独立学习语文的能力。四年级学生自主学习的主动性应更强，比如可以借助资料完成对文本的学习。另外，语文课程标准要求中段学生在学习诗歌时要在“诵读过程中体验情感，展开想象，领悟诗文大意。”因此，学生学习诗歌，应是一个感受文字、体验文字所传达情感的过程。

（一）教材分析

北师大版教材重视学生在阅读水平上的渐进式提升，对于诗歌文本的选择与理解，也遵循着由易到难的学习规律。《下雪的早晨》是四年级上册最后一个单元的最后一篇主题课文。这是一首具有象征意义的现代诗，以雪景入诗，写诗人所见、所感、所想。学习这首诗歌，不但要求能读懂诗歌文字本身的语言，更要能够通过反复的咀嚼吟咏理解文字背后所蕴藏的情感，遇见诗人。

1. 课文内容解读

《下雪的早晨》是诗人艾青于1956年创作的。诗人以第一人称视角，抒写了在下雪的早晨，诗人看到雪花的洁白和整个世界的宁静，想到夏日的早晨一个小孩子在树林中玩耍的情景，于是反复惦念着这个孩子。整个诗歌分为三个诗节。诗歌第一节运用反复的艺术手法，通过46个字极力渲染雪的大、静与白，但同时也凸显了雪的单调与压抑，与学生的实际生活经验形成反差。第二节诗由眼前实景进入联想，用明朗欢快的色彩描绘了夏日清晨树林的美好景象：生机盎然的树林，活泼快乐的孩子。最后一句“这一切啊，我都记得很清”直抒胸臆。与第一节诗相比，第二节诗无论在诗的情感、内容还是画面色彩、温度上都形成强烈的对比。第三节诗则把眼前的雪景和夏天对孩子的印象结合起来，写自己的想象，表达诗人对于小孩的惦念，历经沧桑的诗人心里保存着一切关于美好的形象。

艾青善于把真实与联想、想象相结合。第一节下雪的早晨的雪景实写，第二节联想记忆中之事，第三节虚实相间。过去、现在、眼前、记忆、想象有机结合。整首诗语言鲜活平实，朴素优美，富有感情色彩。

2. 单元编排意图

“雪”这个单元，是北师大版四年级上册最后一个单元，不论是在单元主题还是在学习方法的安排上都有一种回顾总结的意味，同时承上启下，在对文章的理解上将学生引向文字背后去体悟作者蕴藏的感情色彩和时代情绪。让其意识到“作品中对于环境的描写，不论是社会环境和自然环境，都不是可有可无的装饰品，而是密切地联系着人物的思想与活动。”

编者编排了两篇主体课文，一篇是散文《瑞雪图》，另一篇是诗歌《下雪的早晨》。两篇课文都有着浓厚的时代气息和不可回避的时代背景。《瑞雪图》是一篇借景抒情的散文，写于自然灾害即将结束之时，全文充满了一种“瑞雪兆丰年”的喜悦与希望。因此文本对于雪的描绘有一种浓丽之感，语言生动活泼。相比之下《下雪的早晨》这首现代诗的主旨含义则显得较为隐晦。以雪景述心境，展现了诗人丰富而美好的情感世界，一切景语皆情语。自读课文《深山风雪路》歌颂了普通劳动者脚踏实地、任劳任怨的敬业精神，文章通过环境的渲染衬托了邮递员老吕的奉献精神。自读课文《雪》则是一篇介绍雪的说明文。通过这个单元的学习，可以了解雪的知识，感受雪的美丽，体会雪给人们带来的喜悦，并通过阅读雪中故事感受到自然美、人格美的熏陶。

语文天地以“雪”为主题，侧重于古诗及名言的积累，围绕关于“雪”的名句“畅所欲言”，同时学习以动衬静的写法。另外，作为最后一个单元，在编排上也体现出了教学总结的要求，语文天地中巧妙安排了一系列的综合性学习，如整理和复习本单元的多音字，自检及个人总结等。

3. 能力要点分析

《下雪的早晨》所承载的能力要点主要在朗读方面。课程标准要求四年级的学生要在“诵读过程中体验情感，展开想象，领悟诗文大意。”而且“阅读是学生的个性化行为，不应该以教师的分析来代替学生的阅读实践。应该让学生在主动积极的思维与情感活动中，加深理解和体验，有所感悟和思考，感受到情感的熏陶，获得思想的启迪，享受审美的乐趣。珍视学生独特的感受、体验和理解。”同时“可以借助资料完成对文本的学习。”学生在对文本的把握上和理解上“逐渐接近作品本身传达的思想感情，逐渐与作者的思想感情合拍，对作品的感受与理解逐渐达到基本到位的水平。”

具体而言，《下雪的早晨》这首诗需要学生借助充分的朗读，丰富的想象，体会诗人在诗中表达的情感以及这首诗描写的情境。教材第八单元“金钥匙”提示学生“自读时，想象自己是作品中的人物，设身处地地体会，可以加深对课文内容的理解。”基于自身的生活经验，以雪景入诗使得学生在朗读时比较有代入感，但在反复的朗读基础上会发现诗人笔下雪景的异样。而诗人对于夏日树林的描写与想象也同样会激发学生的情感与想象。学生在朗读与体会中所提出的质疑，正是深入理解诗歌，遇见作者的契机。借助资料，走进作者，体会文字背后所隐藏的诗人情感。最终达到言与意两个层面的理解，以诗人之心观景，初步体会“一切景语皆情语”。

（二）学情分析

1. 学生理解诗歌内容的基础

在以往的学习中，学生接触最多的是儿童诗。儿童诗的创作基于儿童的生活经验，同时充满了想象的空间，符合学生的年龄特点和思维方式。而《下雪的早晨》则是学生第一次接触文学性的现代诗歌。全诗开篇以雪景入诗，对于学生并不陌生，符合其生活经验，也易于激发他的情感。同时诗歌语言清新自然，夏日树林、阳光、鲜花、露水、快乐的孩子等充满想象的画面也符合中段学生的思维特征。学生通过自读能够基本把握诗歌大意。前测中 85% 的学生在初读诗歌时都能感受到美与快乐。

《下雪的早晨》写于 1956 年冬天，是诗人即将遭难的前夕，前途未卜、不知去所、更无归期，这样的人生体验对于学生而言难以理解。而学生对于诗人艾青的认知几乎为零。艾青将自己此时境遇与心绪投射在诗歌中，构成了诗歌文本的深层意义。但这隐藏的意义对于学生来说是陌生化的，充满距离的。对于四年级的学生而言，不需要太过挖掘诗歌的深层含义，造成过度解读。诗歌作为自足性文本，反复诵读是进入诗歌探究诗心的关键。以朗读促理解，发现问题，进而激发学生自主探索的热情，有助于学习目的的达成。在学习中，以设计朗读贯穿，结合自身生活经验，在反复的朗读中感受艾青笔下雪的不同，进而质疑探究，领悟诗文之意。

2. 学生朗读能力现状

诗人所处的时代与学生的生活环境相距甚远，诗语所隐含的诗人情感又比较隐晦，这无意给学生理解诗歌构成了极大的挑战。但诗歌作为自足性文本，可以在朗读中走进诗歌情境。因此，如何从生活经验出发，在反复品读诗句的基础上理解诗语，由文字自发走进作者，将是本课学习的难点。对于本诗而言，朗读则是理解诗歌的切入点，也是解诗语、悟诗心的关键。

对于四年级的学生，可以借助工具书自主朗读诗歌，但从“能够朗读诗歌”到“学会朗读诗歌”再到“读懂诗歌”，其间的能力层次则反映出学生在阅读能力方面的差异。能够朗读诗歌，是指能够准确、流畅的读诗，这是四年级学生可以做到了。但能读却不求甚解不是我们学习诗歌的目标。学会朗读诗歌，是朗读的第二层次。也就是说在朗读中要带着自己的理解去读诗，这是需要学生去品、去体会的。因为理解的差异性，在朗读形式上可以呈现出多样化的形式。这个层次应该通过教学引导，在课堂教学中学生能够达到并完整呈现的。朗读的第三个层次是通过朗读与作者产生共鸣，以朗读解诗语，悟诗心，诉诗情。这个层次的朗读对学生要求较高，需要学生有一定人生经验，同时对于诗人所处的时代也有较为清晰的认识，在朗读中，与作者建立跨越时空的对话，然后再通过自己的朗读，诉说诗人内在的情感体验。这个层次的朗读是我们可以尝试的，在教学中我们可以提供一些资料帮助学生理解。

二、教学目标的确定

依据教材分析与学情分析，本课第二课时教学目标确定如下。

（1）能正确流利有感情地朗读诗歌，尝试背诵。

（2）能够通过品读重点语句，设计朗读，感受诗中所蕴藏的情感。

（3）通过朗读推进自主探究，读懂诗人在诗中的感情与追求。

教学重点：通过品读重点语句，朗读设计了解诗歌的表现手法并感受诗中所蕴藏的情感。

教学难点：通过朗读推进自主探究，读懂诗人在诗中的感情与追求。

三、学习活动与设计意图

基于教学目标，本课的教学活动及其设计意图如下。

（一）设计朗读（课前预习）

以四人小组为单位，根据对诗歌的理解，分配朗读内容，设计朗读诗歌，朗读方案尽量多样化。

设计朗读要求：

1. 小组成员都必须朗读

2. 阐述朗读设计意图

3. 说明朗读感受

预设：既有传统的朗读方式，如齐读、对读、解读，同时在朗读中也会关注诗句的内容、形式、语言、语调、语速、意境的变化去设计朗读方案。

【设计意图】诗歌作为自足性文本，对诗歌的解读会呈现出不同理解，以朗读作为进入诗歌的切入口最为适切，理解不同朗读就会有不同。诗歌文本有别于记叙文的分角色朗读，学生在设计朗读时最初会选择齐读、对读、解读传统朗读方式，随着朗读设计方案的完善会逐渐倾向于从诗句的内容、形式、语言、语调、语速、意境等不同角度去进行朗读。每个人对诗的理解不一样，所以读法各异，言之有理即可。

（二）整体感知，话感受（5 分钟）

1. 自由读诗，体会：这首诗带给你什么样的感受？

2. 默读诗歌，体会我们的感受从何而来，可进行简单的批注。

预设：感受到了美、静、快乐、忧伤、怀念……

【设计意图】诗歌传情，对于诗歌情感的体验应该是整体的，而非碎片化的。每个学生在朗读诗歌的时候都会基于自己生活经验和理解力对诗歌进行解读。由感受入诗，整读诗歌，诉说对于诗歌的整体印象，符合学生的认知规律。整体感知再进一步追问，我们的感受由何而来。引导学生关注诗语，找到诗歌中最能触动他的诗句语言。另外，学生会发现每个人对于同一首诗歌的感受和理解都不一样，利于激发学生继续学习探索的兴趣。

（三）设计朗读，品诗语（15 分钟）

我们每一个人对于诗歌的理解都是不一样的，那诗人在诗中到底想要向我们传达什么呢？你的感受从何而来？我们不妨沉下心来，走进文字背后细细体会。

1. 小组设计朗读

展示第一诗节，按照“展示读—谈理由—说感受”的要求汇报朗读。

预设：学生在设计朗读环节中会呈现出多样化的朗读形式。在课前的朗读设计作业中，学生表现出对于第一节诗的朗读与理解的多样性。第一节诗在朗读中是最能够体现朗读设计与理解差异的一节诗。教师应该对第一节诗的朗读层次做到心中有数。

	朗读层次	理解层次
第一层次	雪的洁白、大、安静	从文字出发，读懂字面意义
第二层次	白的不含纤尘（无色）、静的寂静无声（无声）、大的铺天盖地（沉重）	想象画面，并结合生活经验去感受
第三层次	雪的压抑、孤寂、沉重	了解诗作时代背景及诗人经历再次回读

【设计意图】对于四年级的学生来说，朗读诗歌、想象才是他们学习诗歌最为适切的方式。让学生根据自己对于诗节的理解进行朗读设计，在多样化的尝试，在语调轻重缓急变化中，学生会自主发现诗句在语言表达以及形式上的特点，体会出诗句所营造的意境，而不仅仅停留字面上理解雪之大、雪之白、雪之静。

2. 联系生活

艾青眼中的这场雪与你记忆中的雪有什么不一样的？你在下雪天想到了什么？艾青想到了什么？感受并朗读（互读、指名读、配合读）第二诗节。

预设：森林之美、小孩的快乐、生机勃勃的早晨。

3. 对比一二节诗的画面，引读第三节诗

【设计意图】第三节诗在内容上是由眼前之景，展开对小男孩的一个遥远的追忆与想象，充满了怀念的情绪。将一二节诗所呈现的画面进行对比呈现，会给学生一种强烈的视觉冲击。看着纤尘不染，洁白无瑕的雪，诗人却想起了充满生机、色彩绚丽的夏日；看着大雪纷飞悄无声息，诗人却追寻小男孩的身影，寻找快乐的声音。而且诗人对此充满了怀念。“这一切啊，我都记得很清。”尽管“现在的树林铺满了落叶，也不会有什么人影，但我一直都记着那小孩子，和他的很轻很轻的歌声”有了画面的对比，语言的渲染，此时，学生的情绪被充分的调动，再去引读第三节诗，情绪与情感水到渠成。

4. 质疑，提出问题

预设：为何诗人笔下的雪充满了孤寂与压抑？诗人为什么会在下雪的早晨想起这样一个快乐活泼的小男孩呢？他又是谁呢？

【设计意图】这一部分既是对学生初学诗歌所提出问题的回顾，同时也是学生由诗歌自主走向作者，感受逐步深入的过程。在充分感受诗歌的基础上，结合自己的生活经历，学生自然会发现艾青的这场雪的特别之处，同时对这诗人反复追忆的小男孩充满好奇。这种疑惑将自然引导学生去探究作者内心。

5. 探究路径

我们如何去解决疑问？

预设：诗言志，诗作情感是诗人内在情感的投射。一种观点，我们不是艾青，所以我们不能臆断诗人的意图；另一种观点，可借助资料进行有根据的推论。

【设计意图】提出质疑，进行探究，此处对探究的路径与方法的初步探讨，目的在于给学生渗透文学鉴赏的观念与启蒙。诗言志，同样的景因人言志不同，表达会呈现出多样性来。查找背景资料，可以作为探究的路径之一，但此时的探究应是结合资料进行有根据的推断。要让学生知道评论家式的解读，是在大量资料的研读基础上进行的，是有根据的推测。学生对于诗歌的理解与探究应是开放性的。

（四）走进诗人，悟诗心（15 分钟）

在学生查找资料的基础上给出补充资料。

1. 阅读学习单，小组交流

在借助资料的基础上进行有根据的合理推断

学习单		
1935—1956 年	1956—1978 年	1979 年以后
这段时期被称为“艾青的时代”。 艾青创作了非常多的优秀作品，30—40 年代创作 200 余首诗歌，出版 9 部诗集。艾青也被誉为“五四”以来最杰出、最伟大的诗人	1956 年开始，因为政治原因，艾青不被允许再发表任何作品。 1956 年 12 月，艾青被开除党籍，撤销一切职务。1958 年，艾青一家被发配到北大荒。1959 年转到新疆石河子垦区劳动，一去 20 年	1979 年彻底平反后，艾青任中国作家协会副主席，其创作又进入另一个高峰。 艾青也被誉为“一生追求光明的作家”

2. 汇报，感悟诗心

体会：这是一场（　　）的雪，透过文字，我们见到了一个（　　）的艾青。

预设：这是一场（死寂、压抑、孤独、惨白、无趣、痛苦的雪），透过文字我们见到了一个（压抑痛苦却不放弃追求光明与温暖，追求理想）的艾青。

3. 配乐整读诗歌

【设计意图】借助资料，学生将了解艾青创作诗歌时的人生境遇，也就能从更深层次理解诗歌的情绪指向。诗人心境如此，所以这雪在诗人眼中失去了色彩、失去了声音、失去了乐趣。“一切景语皆情语”，心境不同，诗语指向也不同。此时，再回读诗歌，学生才能读出雪的忧伤与压抑。才会明白诗人不断吟唱着的那小孩子是诗人内心对于光明与理想的渴望。这一环节对于诗歌的深层次体验，不是老师主导的，而是学生在感悟诗歌的基础上一步一步自主走向深入的，老师只提供部分资料，这样的设计也是学习诗歌方法的渗透。

（五）拓展提升，解诗语（5 分钟）

1. 自读诗歌《鱼化石》，谈体会

《鱼化石》（艾青　1976 年）

动作多么活泼，精力多么旺盛，在浪花里跳跃，在大海里浮沉；

不幸遇到火山爆发，也可能是地震，你失去了自由，被埋进了灰尘；

过了多少亿年，地质勘查队员在岩层里发现你，依然栩栩如生。

……

活着就要斗争，在斗争中前进，当死亡没有来临，把能量发挥干净。

2. 背诵全诗，拓展阅读艾青的诗歌《大堰河我的保姆》《太阳的话》。

【设计意图】在学诗歌的时候，要透过文字表面去挖掘文字背后的意义，就需要去了解诗歌的创作背景和作者经历，这样才会与作者产生共鸣。在学习《下雪的早晨》时学生初步体验了联系作者人生经历和创作背景去理解诗歌的学习方法，以此环节加以巩固，再次体会诗歌是诗人心灵的絮语，言为心声的含义。

四、学习效果评价及说明

设计朗读部分，给予学生充分的自由。教学过程中学生基于对诗句的理解与感受进行设计，感情真实，体验准确，形式多样，从诗歌的内容、形式、语言等不同方面关注诗歌，做到了“诵读过程中体验情感，展开想象，领悟诗文大意。”同时在诗歌的学习中通过互读、默读、指名读、接读、配乐读等多种朗读形式，不断在诵读中深化了对诗歌的理解，做到了读品诗语。本课学习活动结束时大部分学生基本能够背诵诗歌的前两个诗节。

质疑探究，借助资料读懂诗歌既是本首诗歌学习的关键，同时也是学生在学习诗歌时应该掌握的学习方法。而且在本学期金钥匙也要求学生能够对资料进行筛选，提取。在借助资料感悟诗歌这部分,《下雪的早晨》关于艾青资料的介入，发生在学生有一些感受，但是这些感受与他自身的生活经验、认知经验发生冲突，光凭文字本身已经无法解决，而质疑愈浓，自主探究的愿望强烈之时，取得了良好的效果。学生能够准确将艾青的人生境遇与诗歌情境相联系，去解读诗中的意象，如“雪”“小男孩”。同时能够举一反三，在拓展提升部分，艾青的另一首诗歌，对于象征色彩浓郁的《鱼化石》进行了准确的解读。从诗歌中见到了诗人人生经历的变化，读懂了诗人的心声。

五、教学反思

“一千个人眼中有一千个哈姆雷特”，每一个学生在阅读诗歌的时候都会基于个人经验形成某种“期待视野”，这既利于他们理解，同时又会影响他们对于诗歌主旨的判断。因此，诗歌的学习既不能脱离诗歌的反复品读，同时又要做诗外之功，走近诗人。

1. 设计朗读，质疑探究

学生学习这首诗歌，就是以自己的生活经验读懂诗歌的字面意思，然后走进诗人，读懂文字背后的意义，是一个由感受文字到遇见作者的过程。朗读诗歌、想象是学生学习诗歌最为适切的方式。课程标准要求诗歌的学习应当能够在“诵读过程中体验情感，展开想象，领悟诗文大意。”因此在课程设计上我将对诗歌的反复吟诵贯穿全篇，通过让学生自主设计朗读，呈现其对于诗歌的理解与感悟。整个教学设计力求在朗读设计上呈现层次性、多元性。通过朗读推进诗歌的理解，在朗读中产生质疑继而推进探究意识与诗歌鉴赏的启蒙。由于在学习中有真实情景中的任务驱动，学生有很强烈的参与意识，在朗读设计中表现出多样化的解读。同时，老师在朗读设计活动中要对朗读层次有较为准确的把握，朗读是手段，朗读形式的设计与变化是以对诗歌的理解为基础的，老师可适时引导。

2. 借助资料，解读诗心

《下雪的早晨》所承载的能力要点主要在朗读方面。而朗读诗歌，理解文本是本课的难点。四年级下册金钥匙提出学生“可以借助资料完成对文本的学习。”以达到在文本的把握上和理解上“逐渐接近作品本身传达的思想感情，逐渐与作者的思想感情合拍。”在学生反复朗读品味诗语，提出质疑，有进一步探究愿望的基础上，提供自主探究的路径，渗透文学鉴赏的观点，引导学生介入诗人资料及时代背景资料，在尊重资料的真实性、有效性与作者意图基础上，给学生二次解读文本的方法与机会。而资料介入的发生是在学生有充分感受，但与他自身的生活经验、认知经验发生冲突，光凭文字本身已经无法解决，而质疑愈浓非解决不可的时候。此时对于学生而言既是自主探究的结果也是学习方法的引入。学生能够将艾青的人生境遇与诗歌情境相联系，有根据地进行推断。

3. 不足之处

教学永远存有遗憾，在设计朗读部分，引导学生明确朗读与文本的关系需要持久的训练与感悟，绝非一节课的学习就可完成。在设计朗读部分，课上只是重点呈现了对于第一节诗的朗读设计。其实关于全诗的朗读设计本身就可以成为一个活动，以此来推进学生自主学习诗歌。在朗读设计上还可以更全面，对于设计朗读方案的组合、讨论、展示、升级应该有一个递进过程。另外，对于资料的选择与筛选还需要花时间放手给学生，让他们有一个充分的搜集、筛选、研读资料的过程，并有借助资料进行合理推断与判断的充分讨论。

推“人”及“己”，穿梭于“文本理解”与“生活体验”

——《欲速则不达》教学设计

中国农业科学院附属小学　田　旭

以北师大版小学语文教材四年级下册“快与慢”单元中的主体课文《欲速则不达》为例，本教学设计着力引导学生在一系列体验活动中将文本与“我”之间建立联系，从而学语言、用语言。

一、教学背景分析

四年级是第二学段的结束年级，学生即将进入第三学段的学习。在以往的学习过程中，学生读文本容易是“看客”心理，看的是别人的故事，想的也是别人的事，很难将自我与文本之间建立联系。

以北师大版小学语文教材四年级下册“快与慢”单元中的主体课文《欲速则不达》为例，本教学设计着力创设真实自然的情境，让学生在阅读中发现和探究，引导学生在一系列体验活动中将文本与“我”之间建立联系，在建立联系的过程中学习运用语言文字。

（一）教材分析

本课教学所在单元是四年级下册第十一单元，单元主题是“快与慢”，是一对辩证统一的关系，可以向相反方向转化，快因为主观错误可能会变成慢，慢由于脚踏实地可能会变成快，通过本单元的学习培养学生用辩证的观点认识事物。《欲速则不达》是四年级下册第十一单元“快与慢”中的第三篇主体课文。是一则改编自古文《韩非子·外储说左上》的现代文小故事。

1. 课文内容解读

本文讲述了齐国丞相晏婴病重，齐景公想要快速赶回都城，但却因为心急以至失去理智，采取了错误的方式，从而没有达到目的。告诉人们：越是在情急时候越容易失去理智，所以事情越紧急，就越不能心急图快。是一个典型的由于主观努力错误不快反慢的故事。

这篇课文一共有五个自然段，第一自然段交代了事情的起因：齐国丞相晏婴病重，景公欲速赶回见其最后一面。从第二自然段到第五自然段，描写了齐景公为了赶回都城所采取的一系列行动。通过对景公的语言、神态、动作等描写，写出了他从“急”到“十分焦急”，再到“心急如焚”，直至最后“丧失理智”的心理变化。

故事本身选自《韩非子·外储说左上》，没有题目，是后人根据故事的寓意选择了《论语·子路》中的“欲速，则不达；见小利，则大事不成”前半句，概括而成。课后第二思考题是让学生在熟读课文基础上感受古文的语言特点。

2. 单元编排意图

聚焦“快与慢”这一主题，本单元总共选编了四篇课文：作为主体课文的《挑山工》《和时间赛跑》和《欲速则不达》，以及“语文天地”中的一篇自读课文《效率专家爸爸》。

冯骥才先生的《挑山工》和林清玄先生的《和时间赛跑》是两篇当代散文。《挑山工》一文告诉我们快与慢要取决于能否具有脚踏实地、向着目标一往直前的精神。《和时间赛跑》教会我们快与慢要取决于能否珍惜时间，在有限的时间里持之以恒，快跑几步。两篇课文都是从正面告诉学生要树立良好的时间观念。《欲速则不达》是一篇古代寓言故事，从反面告诉我们如果急于求成，也有可能会事与愿违，不快反慢，不能达到目的。自读课文《效率专家爸爸》告诉我们提高效率、节约时间的必要性和可能性。

在语文天地中，编者还将与“快与慢”有关的名言作为积累的重要内容。此外在畅所欲言部分引入了关于时间的名言警句，引导学生结合名言警句展开交流和讨论。初显身手则是结合学生的生活实际展开交流和讨论。最后把自己和时间赛跑的实践经过和心得写下来。

3. 能力要点分析

《欲速则不达》所承载的能力要点需要从批注能力、质疑能力、查找并筛选资料能力三个方面进行分析。

四年级学生在阅读中应该能够“能联系上下文，理解词句的意思，体会课文中关键词句表达情意的作用”“能初步把握文章的主要内容，体会文章表达的思想感情。能对课文中不理解的地方提出疑问”“能提出学习和生活中的问题，有目的地搜集资料，共同讨论”。

具体到《欲速则不达》这篇课文，需要学生在阅读过程中圈画齐景公的语言、动作、神态等重点词句，从而体会景公越来越急以至于失去理智的心理变化。教材第五单元语文天地的“金钥匙”对以前所学的如何做批注笔记做了一个全面的总结。将批注笔记分为五个方面。即：标记问题。圈画重点和精彩的词句。标出要点。简要写心得体会。另外本册教材在第一单元就提出了可以以“是什么”“为什么”“怎么样”来提问，本课继续运用所学方法在阅读初期提出质疑，在阅读过程中写批注笔记。

教材第六单元《沙漠之舟》一课，学生已经初步学会了抓关键词，搜索有关的知识。本课的故事背景在两千多年前的战国时期，查找相关资料可以帮助学生更好地理解课文及人物。

（二）学情分析

1. 学生经验储备

在四年级上册学习“大与小”单元时，学生对“用辩证的观点认识事物”有了初步了解。在看待“快与慢”的问题上，更多是停留在具象的认识上。通过本课阅读，要让学生联系自己的生活体验提升对“时间”的认识，辩证地看待“快与慢”，学会如何珍惜和把握时间。

2. 学生阅读能力

优势点：经过小学四年的学习，学生能够通过阅读明白文本讲了一个什么样的故事，在对故事的情节理解上并没有困难。

发展点：理解含义深刻的句子，这也是中段学习的重点，通过阅读要让学生理解文本背后的隐含信息。

突破点：文本和“我”之间建立联系。

3. 学生学习难点

故事的内容很简单，学生一读就懂，但不能和自己之间建立起很好的联系。只是旁观者，没有自我的反思，对景公的“情急”理解不够深入。

另外很多同学都不理解齐景公作为一国之君，为什么要如此着急回去看一个大臣的最后一面？学生不了解晏婴和景公之间的关系，所以不能体会到晏婴在景公心中的地位，进而感受不到景公为什么会心急欲速到以至于丧失理智的地步，这就需要资料的补充。而学生查找的资料内容过多，重点不够突出。

二、教学目标的确定

依据教材分析与学情分析，本课第二课时教学目标确定如下。

（1）能够抓住关键词句感受齐景公情随事移，最终失去理智的心理变化。在理解的基础上，正确、流利、有感情地朗读课文，读出自己的情感体验。

（2）能够借助资料了解晏婴和齐景公之间的关系，从而体会景公欲速的原因所在。

（3）能够联系生活实际体会遇事要冷静，过于性急图快，反而适得其反，不能达到目的的道理。

（4）能够正确朗读古文，初步感受古文语言简练、富有韵味的特点。

教学重点如下。

（1）能够抓住关键词句感受齐景公情随事移，最终失去理智的心理变化。在理解的基础上，正确、流利、有感情地朗读课文，读出自己的情感体验。

（2）能够借助资料了解晏婴和齐景公之间的关系，从而体会景公欲速的原因所在。

（3）能够联系生活实际体会遇事要冷静，过于性急图快，反而适得其反，不能达到目的的道理。

教学难点如下。

（1）能够抓住关键词句感受齐景公情随事移，最终失去理智的心理变化。在理解的基础上，正确、流利、有感情地朗读课文，读出自己的情感体验。

（2）能够借助资料了解晏婴和齐景公之间的关系，从而体会景公欲速的原因所在。

【设计意图】首先基于学情测试，学生对于了解晏婴和景公之间的关系，体会晏婴在景公心中的地位还是有困难的，进而感受不到景公为什么会心急欲速到以至于丧失理智的地步，这就需要资料的补充。而学生查找的资料内容过多，重点不够突出，不能很好地解决课前质疑。其次学生在体会景公心情时，看似对景公之急有所理解，但对于景公发展变化的心理不能很好地建立联系。最后就是学生读文章容易就事论事，不能很好地和自身生活经验建立联系。所以将以上三点确定为本课的教学重点。其中又以前两条为教学难点。

三、学习活动与设计意图

基于教学目标，本节课的教学活动及其设计意图如下。

课前预备活动：

（1）课前 3 分钟讲述自己与“时间”的故事。

（2）回顾旧知（字词、主要内容），质疑引入。

【设计意图】课前 3 分钟的活动目的在于唤醒学生的生活体验，盘活素材，为单元最后的笔下生花做铺垫。回顾课前质疑，明确疑惑之处，引入本课的学习。

（一）细读寻急，个性展示，发现变化（15 分钟）

1. 学习提示

（1）默读课文二至五自然段，看看齐景公的心急欲速体现在哪里？

任务：①默读；②批画（句子 词语）；③写体会

流程：明位置→读句子→抓词语→谈感受

（2）小组交流并合作，用个性的方式体现景公的心理变化。

学生作品：

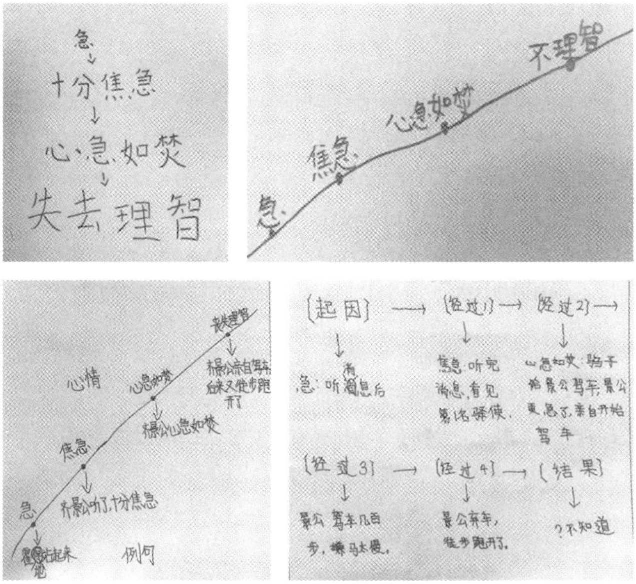

2. 同学板书，小组汇报交流

小组将学习成果板书在黑板上后，结合文本，找重点词语体会景公此刻的心情，并通过朗读将理解表达出来。

预设 1：景公听了，急得霍地站起来。

预设 2：景公十分焦急，高声喊道 ："快快准备好车良马，让驺子韩枢为我驾车，火速回去！"

预设 3：驺子驾车跑了大约几百步，景公心急如焚，嫌驺子驾得太慢了，就夺过缰绳，亲自赶起车来。

预设 4：他驾车驭马行了几百步，又嫌马不努力向前，索性弃车，自己徒步跑开了。

3. 观察板书，结合板书梳理景公心理变化

4. 关注"心情与行为"之间的关系

预设：心情是越来越急了，但是所采取的行为却导致回去的脚步越来越慢。

【设计意图】经过一段时间的学习，学生已经能够在阅读过程中圈画重点词句，但是不能建立要点之间的联系。这个环节让学生在自学批画后进行小组

交流，自主学习探究，用感兴趣的方式呈现景公的心理变化。这样的方式不仅激发了学生学习的兴趣，更锻炼他们小组合作自主探究能力。在独立学习到小组学习的过程中，由规范关键词句的批注走向个性化板书展示。既重视基础又给予学生足够的空间。体现了以学生为主体，珍视学生个性化的体验，这也是课标中的要求。

通过这个环节的学习，学生已经认识到景公最后已经丧失理智了，那么究竟为何一国之君会因为一个丞相病重如此失态呢？自然而然地进入到下一个活动的学习。

（二）借助资料，探究情急，感知寓意（15 分钟）

1. 回顾质疑及六单元金钥匙
2. 默读学习单上两则小故事，体会晏婴于景公、于齐国的重要性

预设 1：辅政三朝，辅佐景公长达 48 年。

预设 2：对内劝谏景公，心系黎民百姓。

预设 3：对外出使诸国，捍卫国威。

……

3. 了解欲速原因，再次回读文本

【设计意图】学生已经通过《沙漠之舟》的学习，了解到通过关键词可以很快地搜索到相关知识，但是在对资料的筛选和整合方面还存有困难，课前让学生自行查找了有关本课的资料，从查找结果来看，学生并不能很好地进行筛选，找不到重点。所以本环节为学生出示一段小资料和两个小故事，分别从晏子的生平经历以及对内劝谏景公心系百姓和对外外使诸国捍卫国威三方面对晏子有一个较为全面的介绍，为学生搭建脚手架。再让学生结合所给资料提取相关信息，感受晏婴于景公于齐国的不可或缺，从而进一步感受景公心急欲速的原因，解决学生课前质疑问题。

（三）联系生活，推人及己，反思寓意（5 分钟）

1. 猜测故事结局，说一说为什么会导致这样的结局
2. 结合题目谈故事寓意
3. 如果你当时就在景公身边，请你用上题目来劝劝景公

景公，您虽然想__________，但__________呀，若能（建议），岂非更好？

4.（出示定向越野照片）上个星期，我们刚刚进行了社会实践活动，到园博苑进行定向越野活动，在活动刚刚开始，有的小组就出现了失误，谁来说一说你们组出现了什么情况？造成失误的原因又是什么呢？

5. 那如果让你用上今天所学来劝一劝当时的自己或同学，你会怎么说呢？（同学或者自己），你虽然想（美好的愿景），但_______________呀，若能（建议），______________？

【设计意图】学生刚刚参加完社会实践的定向越野活动，有几个小组由于太想获胜，出发前没有认真读图，在没有找准第一个打卡点的情况下就贸然出发了，反而耽误了很多时间，没有达到预期的目的。和文本中的景公一样，学生由于主观错误结果不快反慢，这次失误让学生们印象十分深刻。那么以这个活动作为“文本”和“生活”之间的桥梁，引导学生回顾当天定向越野时的情境，用上今天所学，劝一劝当时的自己或者同学。

阅读是一个不断建立联系的过程。“知道”容易，“体验到”很难，这个活动是引导学生从“知道”到“体验到”的关键。让学生有意识地把本课阅读的资料与个人的体验之间建立联系，回归生活情境，在单元主题的统领下，使阅读深入到自己的内心，和自我生命之间发生关联，更深切地联系自身生活实际体会“欲速则不达”的道理，在真实生动的情境中学语言，用语言。

（四）范读引领，感知语言，激发兴趣（5 分钟）

1. 了解韩非及《韩非子》

2. 听范读，自由朗读，感受古文语言特点

预设 1：字数少，语言精炼。

预设 2：朗朗上口有韵味。

预设 3：不好理解。

……

3. 总结古文特点：语言之凝练，朗读之韵美

4. 读论语，了解题目出处

5. 总结全课

6. 推荐读物：《晏子春秋》

【设计意图】第二学段的古文学习，还是重在让学生初步感受古文语言特点，不必做深入讲解，所以并未做深入讲解，只是让学生在听范读和自由朗读的基础上，感受古文语言凝练，朗读韵美的特点。另外对于四年级学生来说，部分同学在阅读整本《晏子春秋》时可能有些困难，所以在推荐时，并不是将整本书直接给学生，而是在鼓励整本书阅读的基础上，老师筛选出其中比较具有代表性的，较为适合四年级学生读的小故事，推荐给学生，让学生根据自身能力进行课外阅读。

四、学习效果评价及说明

课后结合学生课前的质疑向学生提出了这样两个问题。

（1）你认为景公为何如此心急以至丧失理智，只为赶回都城见晏婴最后一面?

（2）谈谈学完这课后你的收获。

借助第一个问题，教师可以让学生再次回顾本课教学重难点。评价标准在于学生是否能够认识到晏婴于景公于齐国的重要。借助第二个问题，让学生再一次将文本和自身生活经验之间建立联系，评价标准在于是否能将寓意联系自身生活实际。

五、教学反思

1. 个性呈现独特理解，互文理解因情生急

在独立学习到小组学习的过程中，由规范关键词句的批注走向个性化板书展示。既重视基础又给予学生足够的空间。体现了以学生为主体，珍视学生个性化的体验，让学生对景公的“急”有了更加深刻的体会。并借助互文阅读让学生不是仅作为看客来评论景公，而是设身处地理解景公之“急”实是情理之中，从而引导学生由景公联系自己，不光齐景公会因“急”出错，生活中我们每个人都可能是因“急”出错的“齐景公”。

2. 创设情境建立联系，回归生活自我反思

在同学们明白了故事的寓意后，为学生创设运用语言的文本情境：如果你当时就在景公身边，请你用上题目来劝劝景公。

景公，您虽然想__________，但__________呀，若能（建议），岂非更好？

因为对文本有了深切的体验，所以在创设文本情境后，为学生创设生活情境，联系定向越野活动，让学生结合今天学的内容说一说。学生能够联系自己的真实生活情境感慨道：没看清楚第一个任务地点就冒失地出发了，虽然想比别人更快一些完成任务，拿到更多的打卡分数，但是欲速则不达，由于心急不冷静，反而降低了速度，没有达成目的。继而让学生再次运用语言劝一劝定向越野当天犯错的自己或心急的同学：

________，你虽然想________，但________呀，若能（建议），_________？

至此学生在真实的生活情境中理解了文本所要表达的情感，并将学习到的语言文字在生活中恰当运用。推“人（景公）”及“己”，从“文本理解”到回归“生活体验”，再次反思自己。读别人的故事，想自己的事，让阅读深入到自己的内心，和自我生命之间发生关联，成为生命在场的阅读。

借助展演呈现理解，回归文本再探形象

——《晏子使楚》教学设计

中国农业科学院附属小学　于　淼

以北师大版小学语文教材五年级下册“尊严”单元中的主体课文《晏子使楚》为例，本教学设计借助表演课本剧这一形式，帮助学生在体验性活动中学习课文，理解人物，实现语文能力的提升和语文素养的获得。

一、教学背景分析

五年级下学期的学生经过五年的语文训练，已经具备了一定的阅读理解和口头表达等语文能力，并可以尝试将这些能力综合运用，在实践中进一步进行提升。

（一）教材分析

课本剧的表演在语文课程中是一个比较传统的能够锻炼学生语言文字综合运用能力的展示项目。北师大版教材在五年级上学期的语文天地中，就呈现过《负荆请罪》的剧本，在《生死攸关的烛光》中，也曾提出过表演课本剧的要求。让学生在课本剧形式的语文活动中，提升综合运用语言文字的能力。

1. 课文内容解读

《晏子使楚》这个故事源自《晏子春秋》，由刘向整理，记录了晏子的言行轶事。春秋时期，齐楚皆为大国，然受形势所迫，国与国的结盟成为必然。晏子使楚的故事就发生在齐国想要寻找盟友的时期，这也就决定了晏子作为一国使臣，肩负重任，即便受到了侮辱，也只能依靠自己的智慧维护，不可贸然行事。与楚王的三次交锋不仅展现了晏子的机智敏捷，能言善辩，更是突出了晏子是如何凭借一己之智来维护国家尊严的。

全文篇幅不长，一共分为 5 个自然段。开头与结尾段都很简单，其他 3 个自然段按时间顺序分别叙述了“开狗洞迎宾”“讽刺齐国无人”“取笑偷盗事件”三个小故事。

这三个小故事内容并不复杂，开头交代了，齐国和楚国都是大国，楚王想显显楚国的威风，彰显楚国国力强大，好几次想要侮辱晏子。表面上看是在侮辱晏子，但晏子作为齐国的使臣，代表了国家，楚王实则在侮辱齐国。晏子沉着应对，不卑不亢，用敏捷的思维和机智的言语，不仅维护个人和国家的尊严，更赢得了对手的尊重。

三个小故事内容都不难懂，因为取材自一些史料，所以人物的性格主要采用人物的对话来彰显，其余的描写很少，为课本剧形式的语文学习提供了很好的活动基础。

2. 单元编排意图

“尊严”单元，共选取了三篇主体课文和一篇自读课文，“尊”的本意是双手捧着的酒樽，“尊严”有“尊贵庄严，不可侵犯”之意。“尊严”单元，意在让学生了解到什么是真正的尊严，以及该怎样维护自己和他人的尊严。尊严有个人、国家层面的尊严之分。理解这样抽象的、精神层面的词语，需要具体的故事。

本单元的四篇主体文中，《囚歌》是一位革命者用诗歌的形式抒发自己是如何捍卫信仰的尊严；《晏子使楚》用一个情节丰富的故事讲述了一位使者对国家尊严的捍卫；《为了他的尊严》是良苦用心的女主人对放弃尊严者的拯救；《嗟来之食》通过饿者的选择在讨论如何维护个人尊严。这几篇课文，体裁多样，涉及古今中外，从多个角度诠释着“尊严”。本单元还指导学生在阅读时深入思考人物的思想动机；“金钥匙”检查学生修改习作的习惯。

在“语文天地”中，围绕单元主题，安排学生开展表演课本剧、口语交际、书面表达等一系列语文实践活动。“尊严”这样抽象的词语以及离学生生活实际较远的故事，教材意图引导并鼓励学生在具体的、目标明确的实践活动中，从实践的层面上进一步深化学生对“尊严”的理解。

3. 能力要点分析

五年级的学生应能够在阅读中“体会作者的思想感情”“了解事件梗概，能简单描述自己印象最深的场景、人物、细节，说出自己的喜爱、憎恶、崇敬、向往、同情等感受”。同时学生要“能主动进行探究性学习，激发想象力和创造潜能，在实践中学习和运用语文。”“在发展语言能力的同时，发展思维能力”。

学习《晏子使楚》，阅读理解文章内容并不难，学生有能力对照课文内容去理解课后出现的《晏子春秋》中原文。而在本单元的“金钥匙”中提到的“体会人物这样做是为了什么”，恰恰是通过学习课文体会“侮辱”和“尊重”这两个词的含义的有效途径。同时也是理解单元主题的重要的学习途径。需要创建真实、完整且有意义的情境，设计合适的语文活动，帮助学生能够主动探究“体会人物这样做是为了什么”，进行人物理解和思维训练。

（二）学情分析

1. 学生学习本文的基础

《晏子使楚》是一篇故事性很强的文章，深受学生喜爱，在学情前测中，我发现超过一半的同学在学习前读了不止一遍。学生能够理解文意，并能够借助课文读懂课后的文言文原文。

但是同时也了解到，学生对课文文意理解较浅，能够感觉到晏子与楚王之间的较量是晏子赢了，楚王输了。但是，对于人物言语背后隐藏的外交较量，以及在细微之处凸显人物的身份与性格的写作手法，以及课文是如何诠释展示单元主题的“尊严”还没有体会到。

在五年级上册“面对错误”单元，学生学习到“阅读时抓住人物语言、动作、神态、心理活动等细节描写，体会人物的思想情感”这把金钥匙，以此为基础，结合本单元的“思考人物这样做是为了什么”。需要教师在教学中建立有效途径帮助学生理解。

学生对于晏子这个人物并不陌生，在四年级的“快与慢”单元的《欲速则不达》中，就已经认识了晏子。了解到他是一位有智慧有才能的大臣。

2. 学生表演课本剧的基础

在五年级上册“面对错误”单元语文天地中，学生阅读了《负荆请罪》的剧本，了解到了剧本的样子，并能够根据剧本进行了课本剧的排演和展示，兴趣十足。

在随后的“危急时刻”单元，学习《生死攸关的烛光》后，学生又进行了课本剧展示的活动。与《负荆请罪》不同,《生死攸关的烛光》并不是剧本，而是一篇课文，需要学生自己根据课文内容改编，增加了难度。学生很乐于接受这项挑战，并呈现了不够成熟却十分精彩的展示。

从中可以看出，学生对于课本剧这项活动有着极为浓厚的兴趣，愿意主动思考，投入精力。在这两次的课本剧实践活动中，学生也收获了经验，提升了综合运用语言文字的能力。

虽然学生已经尝试过将课文改编成课本剧，但是两次表演均是在学习完课文之后。而《晏子使楚》是将课本剧作为一个学习课文、理解人物的途径，对学生来说，需要他们在语文活动中综合运用语言文字，提高了要求，并加大了难度。

学生需要依据文本进行课本剧展示，并在对课本剧的琢磨中，理解人物这样做是为了什么。

二、教学目标的确定

依据教材分析与学情分析，本课第二课时教学目标确定如下。

（1）理解课文内容，展示排演的课本剧《晏子使楚》。

（2）制定评价课本剧的标准。能够依据标准评价展示的课本剧。

（3）通过回归文本，挖掘细节，进一步体会晏子的人物形象，练习深入思考人物“这样做是为了什么”。理解晏子的一言一行皆是在维护国家尊严。

教学重点：

（1）理解课文内容，展示排演的课本剧《晏子使楚》。

（2）制定评价课本剧的标准。能够依据标准评价展示的课本剧。

教学难点：

通过回归文本，挖掘细节，进一步体会晏子的人物形象，练习深入思考人物“这样做是为了什么”。理解晏子的一言一行皆是在维护国家尊严。

【设计意图】本课的主要学习任务就是通过两次学生感兴趣的课本剧展示

活动引导学生在主动探究，自主合作中来理解课文，体会人物。为了让活动有实效，采取了自主制定并实施评价方案进行评价的形式。这是本课的教学重点。而依据文本琢磨细节，在思考中体会人物，是本课的教学难点。

三、学习活动与设计意图

基于教学目标，本节课的教学活动及其设计意图如下。

第一课时：与文言文原文对比，布置排演课本剧的任务。

（一）回忆故知，激发兴趣（2 分钟）

出示《负荆请罪》课文截图和一张春秋时期的各国势力分布图

【设计意图】用学生熟悉的故事帮助学生回忆那个时代，让学生了解到语文学习不是孤立的存在，每一篇文本都有其时代背景，文学和历史，向来联系紧密。同时通过引发学生对同类活动的回忆，激发学生对实践活动的兴趣，增强学生学习的主动性，为下一环节做好铺垫。让学生成为活动和评价的主体。

（二）诠释文本，制定标准（5 分钟）

1. 依据对课文的初步理解，我们进行了课本剧的排练。在展示之前，我们还要讨论如何评价

2. 根据已有经验，讨论评价剧目展示的标准。同时，制定出评价观众的标准

预设演员评价：语言、声量、动作、情感表达、贴近文本、表演细节等。

预设观众评价：认真观看，表达自己的意见清晰，能认真倾听他人的意见。

【设计意图】设计课本剧的活动，是整合课文与语文天地中的内容，让学生在感兴趣的语文活动中学习语文，让学生感到自己是学习的主人，活动的主体。通过扮演文中角色，主动贴近文本，深入理解人物。让学生制定评价标准，既有对演员的评价，也有对观众的评价，通过制定评价标准明确活动目标。制定评价标准本身就是对学生理解课文，表达观点的一种检验。学生是学习的主体，也是评价的主体。

（三）剧目展示，回归文本（20 分钟）

1.“开狗洞迎宾”片段

第一步，剧目展示，学生评价。

预设：台词熟练，动作不明显，细节不到位等。

第二步，回归文本，寻找解决方案。

预设：抓“晏子看了看”。

预设指导：为什么不用“想了想”？

2.“讽刺齐国无人”片段

第一步，剧目展示，学生评价。

预设：台词熟练，动作不明显，细节不到位等。

第二步，回归文本，寻找解决方案。

预设：抓住三个笑和晏子的动作。

预设指导：楚王的笑发生了怎样的改变？晏子的笑和楚王的笑意思是否一样？你要怎样演出其中的差别呢？

3.“取笑偷盗事件”片段

第一步，剧目展示，学生评价。

预设：台词熟练，动作不明显，细节不到位等。

第二步，回归文本，寻找解决方案。

预设：这一片段关于人物的细节描写较少。

预设指导：展开想象，补充自己的角色。

4.小组内交流

【设计意图】学生在课本剧展演的真实情景中进行语文活动，真正的目的在于理解课文。而对于文本中细节描写的揣摩，利于孩子们更深刻地理解人物，感受细节描写对刻画人物的作用。老师适时的点拨，让学生感到对细节的描述，是将文章写得更生动的途径，实现从阅读到表达的提升。同时，反思自己的表演，思考再演该如何做，将两次表演活动串联起来。

（四）再演再评，展示提升（10 分钟）

1. 小组内再次排演并展示

2. 学生再次评价

【设计意图】阅读教学是学生、教师、教科书编者、文本之间对话的过程。不论什么样的活动，从文本出发，还是要归于文本。通过学生感兴趣、有目标的活动，以及评价的激励，能够让学生在主动积极的思维和情感活动中钻研文本，加深理解和体验，有所感悟和思考。实现从实践到反思到再实践完整的循环。

（五）拓展延伸，深化形象（3 分钟）

1. 出示晏子访楚的背景资料，请学生阅读

"在齐景公即位的第二年，由于他在晋国访问时的狂妄态度，引起了晋国高层的不满，于是派出军队对齐实施震慑性攻击，齐景公一开始并不在意，但后来晋国军队几乎兵临城下，使得他不得不服软。通过这次教训，景公意识到单凭齐国的力量是无法与强晋抗衡的，于是他将目光放到了南方的楚国，决意与楚修好，共抗晋国。在这种情况下，晏子作为使者访问了楚国。"

2. 出示本单元"金钥匙"（理解课文中人物的精神时，要深入思考他这样做是为了什么）回顾晏子的做法，说说晏子这样做是为了什么呢？

预设：晏子代表了自己，也代表了齐国。

预设指导：回望开头，两个国家都是大国。

【设计意图】理解晏子言行背后的目的，是本课的难点，实践金钥匙提供的方法，结合背景资料更深入地了解时代背景，探究晏子言行背后的原因。从而掌握理解人物的方法，明白晏子这样做是为了国家的尊严。

3. 推荐《晏子春秋》《管晏列传》。同学们可以读一读

【设计意图】孩子们喜欢晏子，但是晏子的魅力可不仅仅在与外交上，在第一课时，学生试读了晏子春秋中的原文，这里为学生揭晓文章出处——《晏子春秋》，同时推荐故事性强，语言并不晦涩的《管晏列传》，帮助学生扩大阅读面，增加一定的古文阅读量，同时也让晏子的形象更加丰满，将课内的学习活动延伸到课外。

四、学习效果评价及说明

表演者评价	声量洪亮
	动作到位
	情感恰当
	贴近文本
	表演细节
观众评价	认真观看
	表达清晰
	认真聆听

本节课的重点就在于课本剧的展示和改进，第一次展示前学生自主制定演、观的评价标准，并在展演后进行评价。深挖文本，学生改进并二次展示后，学生再次进行评价。两次课本剧的展示，就是学习效果的呈现。

让学生成为评价的主体，学生在评价中探究、展示，让评价不止成为评价，而是反馈学生学习效果的途径，促进学生发展。

五、教学反思

《晏子使楚》是学生非常喜欢的课文，所以，我根据教材和学生实际情况，设计了以课本剧展演为手段，理解文本的语文活动。在这样的环环相扣、螺旋上升的体验性活动中，学生学习运用语言文字。而这些活动中的主体全部是学生。

制定评价标准是活动的起点。让学生自己制定评价标准，只是学生成为活动主体的第一步，学生是评价标准的制定者，在后续活动中学生也是评价标准的执行者。而评价标准更是让学生由展演回归到文本的一个引领点。

学生进行课本剧展示，是本课的第二个语文活动。从文本到表演，学生把对文本的内化理解表现在人物的塑造上。通过评价活动发现不足，再回归文本寻找答案，这是本课的第三个语文活动。这些活动的设计都直指本课的教学重难点——感受晏子的人物形象。而第二次课本剧展示就是将学生对人物的进一步理解展示出来，巩固完善人物形象。

学生在课本剧展演的真实情景中进行语文活动，真正的目的在于由评演回归文本，深刻理解人物形象。在“演—评—回读课文”→完善细化评价标准→“演—评—回读课文”→完善细化评价标准→“演—评—回读课文”的活动中对文本的理解与运用是一步步深入的，而对人物形象的理解，也让这些活动彼此联系，螺旋上升。

而在“排演—制定评价标准—评价—回归文本细节—再演”这一系列活动中，每个同学都扮演了读者、演者和观者三个形象，通过阅读文本，亲身参演，观看演出这几种方式在小组合作中实践了自己的听说读写能力，并在二次展示中得到提高，达到了运用语言文字的目的。

依托课文创设情境，任务驱动发展思维

——《西门豹治邺》教学设计

中国农业科学院附属小学　杨　璐

以北师大版小学语文教材五年级下册“破除迷信”单元中的主体课文《西门豹治邺》为例，本教学设计着力从学生的兴趣和困惑中发现思维成长点，创设情境，引导学生钻研文本，在一系列的活动中，激活体验，有所感悟和思考，发展语文思维。

一、教学背景分析

学生在五年级上册已经掌握了通过人物的外貌（及神态）、言语、动作、心理活动等描写理解人物的思想感情。五年级下册将引导学生联系社会背景深入开掘人物的思想动机，认识作品的社会意义，从而推进阅读的深度和广度。

（一）教材分析

《西门豹治邺》是五年级下册第九单元“破除迷信”中的第一篇主体课文。这是一篇记叙文，课文讲述了西门豹在邺破除迷信、兴修水利的故事，刻画了一个有勇有谋，为民除害的明智官吏形象。课文有详有略，具有很强的故事性和趣味性，易于激发学生的学习兴趣。

1. 课文内容解读

西门豹治邺这个故事，是《史记·滑稽列传》的附录，为西汉末年的历史学家褚少孙所写。本篇课文主要分为三部分：第一部分通过西门豹与老大爷的对话记叙了西门豹初到邺调查研究的情况；第二部分写西门豹亲临河伯娶亲现场，当众惩治巫婆和官绅头子的过程；第三部分写西门豹用科学的方法带领老百姓兴修水利，发展生产。三个部分前后联系紧凑，层层递进，后两个部分都是在第一部分调查研究的基础上展开的。

通过课文内容可以知道，课题《西门豹治邺》中的“治”有两层含义：第一层含义是“惩治”；第二层含义是“治理”。课文详写西门豹惩治巫婆和官绅头子的过程，略写了发动老百姓兴修水利，发展生产。“惩治”是“治理”的前提，只有扫除了封建恶势力，破除迷信邪说，才能带领老百姓用科学的方法治理水患。西门豹所处的时代在距今两千多年前的战国时期，在当时的社会背景下，他敢于向封建迷信邪说做斗争，而且善于向封建迷信邪说作斗争，体现了他极大的勇气和智慧。

在惩治恶势力的过程中，西门豹能深入调查，审时度势，以将计就计的方法，有理、有利、有节地开展斗争。这一计策的巧妙之处在于，西门豹没有用说教的方式直接教育百姓，而是通过一步一步地引导，让百姓们自己认清事实真相。这一方法不仅惩治了恶人，而且从根本上破除了迷信。在这一计谋的实施中，西门豹的作用至关重要，课文对西门豹的语言和动作进行了详细描写，他所说的每一句话，做的每一个动作都有一定的深意。如他在和巫婆、官绅头子、官绅们的语言中用了“麻烦”“请”等词语，对于这些词语要分辨其感情色彩，表面上看西门豹很尊敬他们，其实不过是在演一场戏而已，“以其人之道还治其人之身”，从这里就可以看出西门豹的机智。在惩恶的过程中，课文对西门豹的动作描写虽然不多，但却至关重要。西门豹惩治巫婆后，“等了一会儿”，惩治官绅头子后“站了很久”，西门豹“等”和“站”的时间并不只是留给自己，同样留给恶人悔过，说出真相；留给百姓们思考，认清事实；从此处也能够感受到西门豹的智慧。就这样一个步骤接着一个步骤，环环相扣，直至达到最终目的，从西门豹的言行中可以充分地感受到他是一个有勇有谋的人。

2. 单元编排意图

“破除迷信”单元，意在培养学生要实事求是，用科学的态度、科学的方法去认识周围的世界。本单元共选编了四篇课文：《西门豹治邺》和《活见鬼》为两篇主体课文，“语文天地”中的《鬼是一课矮杉树》和《试胆量》为两篇自读课文。《西门豹治邺》树立了一个不信鬼神，当众揭穿装神弄鬼者把戏的正面人物形象。《活见鬼》从反面讲述了一个怕鬼、被“鬼”吓得魂不附体的故事。《鬼是一棵矮杉树》选自张品成《永远的哨兵》，通过两次值夜哨，刻画了一个由害怕鬼到勇于克服胆怯心理，不怕鬼的小战士形象。《试胆量》选自黑柳彻子《窗边的小豆豆》，记叙了学生们通过玩“试胆量”的游戏，在实践中破除迷信的过程。四篇课文涉及古、今、中、外，通过不同的形象对学生进行感染和教育，加深对“破除迷信”的认知，从而使学生树立尊重科学，反对迷信的价值观。

此外，“语文天地”中也涉及了一系列练习，尤其是“畅所欲言”和“笔下生花”栏目。“畅所欲言”通过讲不怕鬼的故事，既培养了学生搜集、记忆、表达的能力，又进行了相信科学，反对迷信的思想教育，当在生活中遇到“鬼”时，要像西门豹那样，敢于与迷信作斗争。“笔下生花”还针对《西门豹治邺》设置了替西门豹写一份治邺的工作报告的任务，若想写出报告，首先必须把握课文主要内容，在深入阅读，有所感、有所知、有所悟的基础上去写，将阅读与写作相结合。立足整个单元可以发现，编者通过各种活动，向学生们传达了要相信科学，反对迷信的思想，同时培养学生的听说读写能力，全面提升语文综合素养。

3. 能力要点分析

《西门豹治邺》所承载的能力要点要从阅读、写作两方面分析。五年级学生在阅读中应该能够“辨别词语的感情色彩，体会其表达效果”；“体会作者的思想感情，初步领悟文章基本的表达方法”；“了解事件梗概，能简单描述自己印象最深的场景、人物、细节，说出自己的喜欢、憎恶、崇敬、向往、同情等感受”。在习作方面，学生要“珍视个人的独特感受”。

在学习《西门豹治邺》这篇课文时，要想深入地理解西门豹这个人物，学生要抓住文中对人物的语言、动作描写，通过朗读、联想、想象、访谈、写作等方式激发体验，从而有所感悟。同时本课后的小“金钥匙”还提示学生要联系时代背景深入开掘人物的思想动机，认识作品的社会意义。学习本课能够帮助学生推进阅读的广度和深度，在体验中有自己的感悟和思考。教材第三、第四单元的“金钥匙”指导学生写心得笔记，心得笔记是针对阅读的体会、见解和感悟，在深入阅读课文后，学生将自己体验的感受写出来，读写结合，相辅相成，发展学生的思维能力。

学习《西门豹治邺》，要抓住人物的细节描写，通过一系列活动，激活体验，加深理解，感悟课文内容和人物品质。

（二）学情分析

品读人物言行，深入理解课文内容是本节课主要的教学任务。因此学情分析主要从学生理解课文内容和初步完成“书”的情况两方面展开。

1. 学生理解课文内容的基础

《义务教育语文课程标准（2011年版）》中提到：阅读教学应引导学生钻研文本，在主动积极的思维和情感活动中，加深理解和体验，有所感悟和思考，受到情感熏陶，获得思想启迪，享受审美乐趣。五年级下学期的学生已经具备了一定的阅读感悟能力，而且《西门豹治邺》这篇课文故事性和趣味性强，学生很感兴趣。通过自读课文，可以掌握文意，初步感悟到人物的品质，但是学生能否深入理解课文内容，教师需要在教学中掌握理解程度，发现学生的思维成长点。

在《西门豹治邺》第一课时中，学生通过初读课文，把握课文主要内容后，通过创设情境：西门豹被魏王派到邺已经一年了，今天魏王派来一位大臣要对西门豹的工作做一番视察，如果他做得好的话就要嘉奖他。请你以大臣的身份上书魏王，请求魏王嘉奖西门豹。通过统计学生完成的“书”，30%的学生能够写出西门豹治邺的过程，能够初步感受到西门豹的智慧，但是对西门豹破除迷信方法的巧妙没有完全领会。63%的学生只是将西门豹治邺的过程叙述出来，缺少对人物的认识和理解。7%的学生没有正确理解课文内容。

一半以上的学生能够正确把握课文内容，了解西门豹治邺的过程；只有将近三分之一的学生有意识地从人物的言行中理解人物品质，但是对人物的理解还不够全面，对课文内容的掌握还不够深入；个别学生还需要继续读文，理解课文内容。由此可见，在课堂教学中，教师要引导学生深入钻研文本，引导学生从细节描写中去体验和感悟。

西门豹治邺的故事发生在距今两千多年前的战国时期，距离学生生活实际较远，所以学生很难认识到，在科学不发达，封建迷信邪说盛行的古代，西门豹在与封建迷信邪说作斗争中体现出的勇气是极其可贵的。因此在阅读教学时，还要引导学生结合时代背景，深入、全面地理解人物。

2. 学生完成“书”的具体困难

在本课最后，将通过以大臣的身份上书魏王的形式来考察学生对课文的理解，对学生独特的感受和体验会加以鼓励。通过前几个单元的练习，部分学生在阅读后能够把握文意，写出自己的感受和体会。但是有的学生由于缺少对文本的体验与感受，对于课文内容掌握不够准确，不够深刻，在写心得时会写空话套话或简单复述事情，缺少自己的真情实感，所以还需要帮助学生继续读，深入读，加深理解和体验。

在写心得时还要突出重点写自己的感受，在上书时也是如此，不是长篇大论，要突出重点写自己的感受。所以在此面临的挑战还是：第一，引导学生去体验和感悟，深入理解课文内容；第二，根据课文内容写自己的真实感受。

二、教学目标的确定

依据教材分析与学情分析，本课第二课时教学目标确定如下。

1. 正确、流利、有感情地朗读课文

2. 品读人物的言行，体会西门豹的智慧和勇气

3. 了解西门豹治邺的过程，感受西门豹破除迷信方法的巧妙

教学重点：品读人物的言行，体会西门豹的智慧和勇气。

教学难点：感受西门豹破除迷信方法的巧妙。

【设计意图】基于学情测试，大部分学生对文本挖掘不够，从而对人物理解不够深入、全面，因此我把教学重点确定为“品读人物的言行，体会西门豹的智慧和勇气”。在品读人物言行时，通过朗读、想象、访谈、写作等活动激活体验，有所感悟。

三、学习活动与设计意图

第一课时，基于教学目标，本节课的教学活动及其设计意图如下。

创设情境：西门豹被魏王派到邺已经一年了，魏王派来一位大臣要对他的工作做一番视察，如果他的工作做得好的话，就要嘉奖他。

布置任务：请以大臣的身份上书魏王，请求魏王嘉奖西门豹。

课前活动：学生介绍古代人们对鬼神的认识（3分钟）。

【设计意图】课前展示活动有助于提升学生的口语交际能力，学生通过展示的内容可以初步了解课文的社会背景，为下文在体验中感悟西门豹敢于破除迷信的勇气做铺垫。

（一）展示“书”，讨论“书”的标准（7分钟）

1. 汇报展示“书”

预设1：上书稿中叙述西门豹治邺的过程不完整，缺少西门豹调查研究的过程。

预设2：上书稿像提纲笔记，只把西门豹在邺做的事情罗列出来，没有详细叙述破除迷信的过程，并且缺少对西门豹的认识。

预设3：对西门豹的认识不够全面，没有体会到西门豹在破除迷信过程中表现出的智慧和勇气。

2. 讨论，明确“书”的内容和标准

预设1：内容完整，写清楚原因、过程和结果。

预设2：有详有略，突出重点。

预设3：语言简练，有心得感受。

【设计意图】通过学生的展示，教师能够了解学生对课文内容和人物的理解程度，发现思维成长点，为下面的学习提供抓手。学生通过讨论制定出的标准体现了其自主性，在修改上书稿时更易实行。

（二）深入品读文本，修改“书”（22分钟）

1. 了解治邺全过程

（1）自读课文，回顾课文讲了一件什么事。

（2）指名读西门豹和老大爷之间的对话。

（3）交流从对话中提取的信息，体会西门豹与老大爷对话的作用。

预设：邺的问题是“给河伯娶媳妇闹的”。

预设：首恶是巫婆和官绅。

预设：西门豹已经想出惩治巫婆和官绅的计策。

（4）回扣“书”：将西门豹治邺的过程叙述完整，补充西门豹调查研究的部分，体现出西门豹的机智。

【设计意图】从西门豹的“四问”中，感知调查研究的重要性，明确调查研究是惩恶和治水的前提，是西门豹成功治邺必不可少的一部分。

2. 品读言行，感悟智慧和勇气

（1）默读十至十二自然段，画出描写西门豹言行的句子，思考西门豹是一个什么样的人，简单批注。

（2）小组交流。

（3）全班交流、汇报。

预设 1：他回过头来对巫婆说：“不行，这个姑娘不漂亮，河伯不会满意的。麻烦巫婆去跟河伯说一声，说我要另外选个漂亮的，过几天就送去。”从这里可以看出西门豹非常聪明，他的方法一举两得，既救了新娘，又惩罚了巫婆。

预设 2：西门豹回过头来看着他们说：“怎么还不回来，请你们去催催吧！”从此处可以看出西门豹在演戏，他明知道河伯不存在，还让官绅们去催，以此让官绅们说出真相，可以体现出西门豹非常有谋略。

（4）品读细节，激发体验，感悟巧妙。

他回过头来对巫婆说：“不行，这个姑娘不漂亮，河伯不会满意的。麻烦巫婆去跟河伯说一声，说我要另外选个漂亮的，过几天就送去。”

他回过头来对巫婆说：“不行，这个姑娘不漂亮，河伯不会满意的。巫婆去跟河伯说一声，说我要另外选个漂亮的，过几天就送去。”

第一步，对比朗读：辨析词语感情色彩，体会作用。

“等了一会儿，西门豹对官绅头子说……”

第二步，访谈：

——此时漳河边上的人群中，都有谁在等呢？

——如果你是官绅头子你会想什么？如果你是老百姓你会想什么？

预设 1：西门豹大人千万不要把我也扔进漳河呀。

预设 2：巫婆去了那么久还不回来，难道漳河里没有河伯？

“西门豹面对漳河站了很久。”

——如果你是官绅，此时在想什么？

——当听到西门豹说你们也去催催吧，你会怎么求饶？

预设3：西门豹大人饶命啊，我们为了骗老百姓的钱才说漳河里有河伯，我们再也不敢了。

第三步，想象：如果我是老大爷，我会说——

如果我是被救女子，我会说——

如果我是围观百姓，我会说——

第四步，讨论：为什么西门豹不直接告诉百姓事实真相、惩治恶人？

【设计意图】通过学生汇报、教师相机引导的形式来突破难点，在汇报的过程中引导学生抓住对西门豹的细节描写，在访谈、想象、朗读等活动中，激活学生的情感体验，从而感受西门豹破除迷信方法的巧妙，感悟人物品质。

（5）结合“金钥匙”，体会西门豹的勇敢。

——指名读“金钥匙”。

——出示古代人们普遍相信鬼神的背景资料。

——评价西门豹。

【设计意图】通过“金钥匙”使学生了解到时代背景在理解课文中的作用，从而深入感悟人物品质。

（6）回归文本，朗读感悟。

【设计意图】完全把握课文内容是有感情地朗读课文的基础，反之，带着感悟再次读文，也有助于学生理解课文内容，感悟人物品质。

（7）回扣“书”：西门豹在破除迷信的过程中使用将计就计的方法，一步一步地引导百姓发现事情真相，成功破除百姓根深蒂固的迷信思想，体现出他的智慧和勇气。

3. 开渠引水，体会科学

（1）指名读十三自然段。

（2）评价西门豹的做法。

【设计意图】通过给河伯娶亲和开渠引水两种治水方法的对比，使学生感受到西门豹尊重科学的态度，从而深入理解人物。

（3）回扣“书”：在治水的过程中，西门豹带领百姓用科学的方式治理水患，体现他相信科学的品质。

4. 回到整体，了解布局

（1）解题“治”（惩治、治理）。

（2）体会详略安排。

（3）回扣“书”：详细叙述西门豹惩恶的过程，突显他的智慧和勇气。

【设计意图】本文详写“惩治”，略写“治理”，“惩治”是“治理”的前提，只有破除迷信才能带领老百姓用科学的方法治理水患，从而体现了西门豹的智慧和勇气，由此引导学生从文章布局把握文章中心，启发学生在修改上书稿时也要注意详略安排。

（三）再次展示“书”，完成上书任务（8 分钟）

1. 修改上书稿

2. 以大臣的身份表演展示“书”

【设计意图】以上为学生第二次以大臣的身份上书魏王。这一次是在学生深入钻研文本，对课文内容以及人物的理解有了更深刻更全面的认识后动笔，所以要求学生要按照课前确定的上书标准，修改自己的“书”。在写作时，学生再次走进故事，借助角色去体验、感悟课文内容，读写结合，发展语文思维，提升综合素养。

3. 拓展延伸：换一种身份上书。（如百姓、被救女子等）

【设计意图】以大臣的身份上书更加注重客观性，以被救女子的身份上书，更注重主观情感，以此启发学生身份不同，心得感受也会有所不同。

四、学习效果评价及说明

根据学生的讨论交流，确定了关于“书”的评价标准。

1. 内容完整，有理有据

2. 要点突出，有自己的感受

3. 语言简练，表达清楚

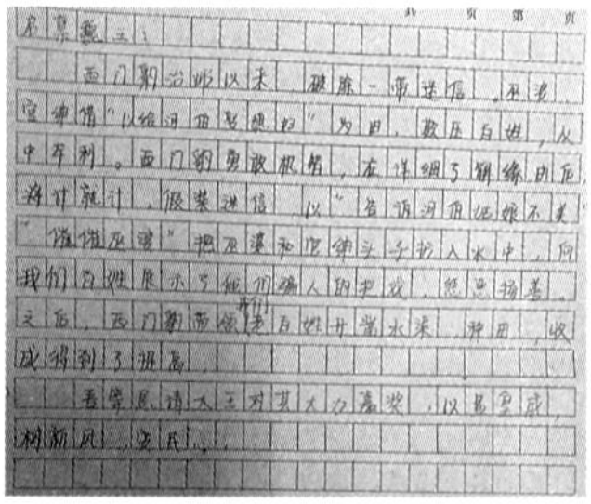
启禀魏王：
西门豹治邺以来，破除一系迷信。巫婆官绅借“以给河伯娶媳妇”为由，欺压百姓，从中牟利。西门豹勇敢机智，在详细了解缘由后，将计就计，假装迷信，以“告诉河伯新娘不美”“催催巫婆”把巫婆和官绅头子扔入水中，向我们百姓展示了他们骗人的把戏，惩恶扬善。之后，西门豹带领老百姓开凿水渠，种田，收成得到了提高。
吾等恳请大王对其大力嘉奖，以显皇威，树新风，安民心。

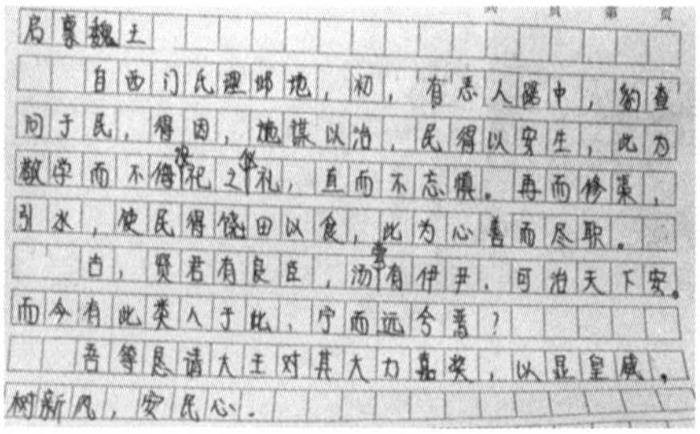
启禀魏王
自西门氏理邺地，初，有恶人踞中，豹查问于民，得因，施谋以治，民得以安生，此为敏学而不循祀之礼，直而不忘慎。再而修渠，引水，使民得饶田以食，此为心善而尽职。
古，贤君有良臣，汤有伊尹，可治天下安。而今有此类人于此，宁而远兮焉？
吾等恳请大王对其大力嘉奖，以显皇威，树新风，安民心。

借助这个评价标准，教师可以了解学生对课文内容及人物的掌握程度，通过学习课文，学生的阅读水平，思维能力是否得到提升。在此对于“书”的体例和格式不做过多限制，而应多表扬，多鼓励，激发学生钻研文本，通过体验有所感悟，实现思维、表达的渐进式发展。

五、教学反思

1. 创设情境，激活情感体验

西门豹治邺这个故事发生在距今两千多年的战国时期，与学生生活实际较远，所以学生在理解西门豹这个人物时会有一定的困难。为了拉近学生与文本的距离，激发学生的学习兴趣，我依据课文创设了为西门豹上书的情境，让学生成为课文中的一个角色。在情境中学习课文，能够使学生产生比较强烈的情感共鸣，增强他们的情感体验。我在教学时也像西门豹一样，引导学生在一系列活动中去体验，从而感悟到西门豹破除迷信方法的巧妙，体会西门豹的品质。

2. 以学定教，实现思维发展

体验式活动链的最大特点就是依据学生学习的问题搭设脚手架，实现思维的发展。在第一课时学生完成了各自的“书”，第二课时伊始，由学生展示“书”，从学生的“书”中能够体现其对课文内容及人物的理解程度，从而发现学生的思维成长点。接下来以修改“书”，完成上书任务为依托，再次引导学生回归文本，抓住人物的细节描写，设计一系列活动来帮助学生把握课文内容，全面理解人物，从而提升思维能力，实现思维的发展。

本节课我依托课文创设情境，拉近了学生与文本的距离。在文本情境与学习情境中，学生学习语言文字，进行情感交流与创意表达，增强了学生对课文内容的理解、深化了对人物精神品质的认识，实现了思维的发展。

在体验性活动链中实现读写共进

——《精彩瞬间　笔下生花》教学设计

中国农业科学院附属小学　郑　玥

以北师大版小学语文教材六年级下册“告别童年”单元中的语文综合实践活动《精彩瞬间 笔下生花》为例，本教学着力将阅读与写作结合，展现语文综合活动课《毕业课程》中的“毕业纪念册”的一个版块，将学生六年来最精彩的瞬间用语言文字表达出来。

一、教学背景分析

（一）教材分析

“告别童年”是本套教材的最后一个单元。按照教材编写惯例，仍由主体课文、拓展阅读及语文天地三个部分构成。本设计是围绕语文天地中的综合活动展开的。

1. 单元编排意图

北师大版小学语文六年级下册第八单元共编排三篇主体课文、两篇拓展阅读以及一个语文天地。

当代作家赵丽宏的《学步》表达了慈爱的父亲和母亲对孩子成长的关注、呵护、鼓励和期待。意大利作家、插画家乔万尼·莫斯卡《在学校的最后一天》从教师的角度选取最后一天的几个难忘场景，抒发了真挚的师生情；而苏联作家维·德拉贡斯基的《童年的朋友》体会了童年的浮躁，感受长大所需要的回忆、沉思和感恩，要记住童年的朋友。

拓展阅读部分，当代作家王慧琪的《我们上路了》抒发了学生迎接新生活的朝气蓬勃、坚定不移、勇往直前的信心；杂志主编蓝星的《万岁，母校》描写了一所小学五十周年校庆的场景，歌颂了小学的教育的伟大贡献，也表达了对师长的敬意。

学生通过对五篇文章的学习，不同的文学体裁，古今中外的课文均了解到不论是成年人还是少年儿童，回头看看自己走过的路，都表达对童年珍视的情感。

2. 单元综合活动设计解读

本单元综合活动是“制作毕业纪念册”，具体设计如下。

制作多彩童年的毕业纪念册，记下难忘的过去，迎接美好的明天。制作毕业纪念册分成三个步骤：第一，制定计划；第二，整理材料；第三，制作成册。

第一，制定计划的时候，可以把纪念册分成如下几个部分。

——成长足迹：自己曾经获得的各种奖状、证书，学校、社会的表扬信，美术、书法等作品，成绩单。

——精彩瞬间：童年生活的照片。

——我的佳作：自己习作中的佳品。

——友人寄语：请好友、同学为自己留言。

……

第二，整理材料要注意以下几点。

——材料比较多，一定要有取有舍。

——尽量使用原始材料，它们是自己成长的见证。

——在“成长足迹”和“精彩瞬间”后面做一些说明。如果对过去的事又有新认识，可以写“后记”。

——错别字、病句可以换一种颜色的笔改改，不必重抄

……

第三，制作成册有以下提示。

——请自己信任、敬重的人写“序”，或者写“自序”。

——为纪念册起名字，如“幸福时光”“萌芽”“在阳光下”……

——装饰美化：加插图、画花边、加边框……

……

在本课时中需要学生针对毕业纪念册中的“精彩瞬间”写说明，通过课文的范例和学生的范例来修改自己的说明，通过同伴互助来完善自己的说明，让自己的精彩瞬间能够通过文字定格为永恒，学会表达“精彩瞬间”，此过程亦体现体验性活动“链”的设计路径。

（二）学情分析

1. 学生撰写“精彩瞬间”内容的基础

童年，这个奇妙的词汇，有着奇妙的温度。学生对童年并不陌生，但对于自己的成长并不是特别清楚明了。教师带着学生学习过程中回顾这六年，感受自己在生理心理、思想感情等多方面的成长，对师长、母校的感恩之情。学生在体验情感的同时，还应结合本册书中的两把“金钥匙”，其一，心得笔记的习惯培养心得笔记能力的迁移；其二，写作中真情实感的表达。

本单元笔者设置了制作成长毕业纪念册为单元活动载体，学生在制作过程中对材料的筛选中突出自己的成绩，却忽略了“成长”的过程，突出了娱乐带来的欢乐瞬间，忽略了学习、劳动、友谊、独立能力等方面的缺失。尤其是在制作中，多为照片和图画类的内容，文字不够。所以笔者结合课文内容，第一，学生学会将浓浓的“师生情”“同窗情”“亲子情”“母校情”表达出来，完成毕业纪念册中的习作后记。第二，结合“成长足迹”和“精彩瞬间”，突出成长的过程，写出创意说明。第三，请好朋友留言，完成“友人寄语”的内容。完成毕业纪念册的材料统整后进行美化，然后制作成册。

2. 学生完成“精彩瞬间”说明的具体困难

本文联系学生实际，营造了一个真实完整有意义的情景，选择毕业纪念册为载体贯穿本单元的教学之中，符合即将毕业学生的心理诉求。笔者设置了制作成长毕业纪念册为单元活动载体，学生在制作过程中对材料的筛选突出了自己的成绩，却忽略了“成长”的过程，突出了娱乐带来的欢乐瞬间，忽略了学习、劳动、友谊、独立能力等方面的缺失。尤其是在制作中，多为照片和图画类的内容，文字不够。针对这点，笔者观察了班级中 29 个学生，发现如下情况：

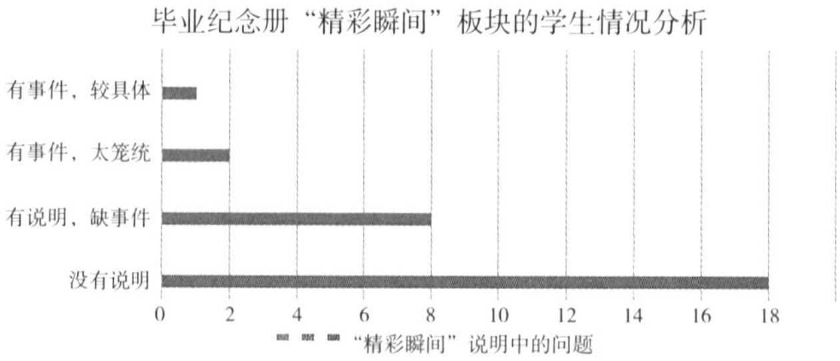

由图可见，其中 18 人缺少说明，11 人有说明。在这 11 个人中有 8 个人仅仅有关键词的概括。说明中的事件陈述的内容多为流水账式的语言，缺乏个性化的感受和心情描写。针对学生的问题，笔者将通过回忆童年、我要表达、师生共评、共情表达，使学生定格的精彩瞬间学会表达出来。

二、单元整体设计

基于体验性活动链，整合呈现本单元的学习过程，如下所示。

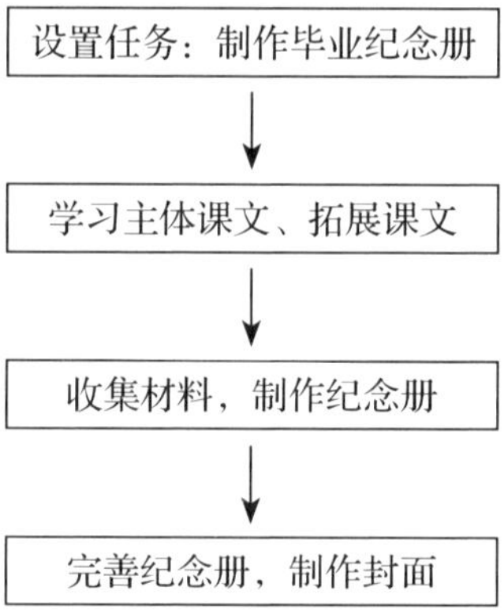

通过单元任务前置，独立制作《毕业纪念册》到学习课文：共情并习法写说明，再到完善并交流。

三、教学目标的确定

依据教材分析，结合学生真实的困难点，设计“毕业课程”这个恰切的学习情境，本课一课时教学目标确定如下。

（1）撰写毕业纪念册中的“精彩瞬间”说明。

（2）结合本单元课文学习的例子，运用小学阶段学习的习作方法，修改自己的说明。

（3）师生共同回忆小学生活的美好时光，在撰写和修改过程中感受丰富的情谊。

教学重点：师生共同回忆小学生活的美好时光，在撰写和修改过程中感受丰富的情谊。

教学难点：结合本单元课文学习的例子，运用小学阶段学习的习作方法，修改自己的说明。

四、学习活动与设计意图

根据教学目标，本节课的教学活动及其设计意图如下。

（一）回忆童年：回眸小学的精彩（3 分钟）

1. 简单回顾制作毕业纪念册的心路历程
2. 回忆中小学六年最难忘的“精彩瞬间”，激发学生的情感体验

【设计意图】写作教学应贴近学生实际，让学生易于动笔，乐于表达，应引导学生关注现实，热爱生活，积极向上，表达真实情感。本课创设了课前三分钟环节，完成毕业纪念册的心路历程并展示精彩瞬间，首先是唤醒，这个环节符合学生的心理需求，通过毕业纪念中的难忘场景，使学生体会到“话别童年”的丰富感情，为学生写作打下情感基础。

（二）我要表达：精彩瞬间写说明（8 分钟）

1. 你想定格在哪个精彩瞬间？小组交流
2. 全班分享，视频补充
3. 精彩瞬间我来写

【设计意图】在写作教学教学中，应注重培养学生观察、思考、表达和创造的能力，要求学生说真话、实话、心里话，不说假话、空话、套话，并且抵

制抄袭行为。为了激发学生的情感体验，说真话，写真感受。笔者通过一张张照片回顾自己的精彩瞬间，使学生回忆起六年丰富多彩的生活，通过全班分享、视频呈现唤醒学生的记忆。随后，学生对选材进行取舍，聚焦印象最深刻的精彩瞬间撰写说明。

（三）师生共评：分享提升再修改（12 分钟）

1. 巡视过程找问题：如何写好“精彩瞬间”的说明？

预设 1：有要素：时间、地点、人物、事件。

预设 2：事件要写具体细致。

2. 回顾课文例子，体会“思绪万千”的情愫

引导:《在学校的最后一天》抓住“神行语思”一个细节，感受师生情

一组动作：抓动作，感受学生对老师的不舍

预设 1：马蒂尼里跳起来，拥抱我，吻我的脸颊，在我脸上留下了唾沫印儿，他们抓住我的手，拉着我的上衣。达尼埃里把那几张瑞士邮票塞在我衣袋里，斯巴多尼把他的笔帽也塞给了我。铃声还是不停地响着，别的班级都已经离开教室了。“到时候啦，孩子们，咱们得走了。”

预设 2: 马蒂尼里噙着泪水朝我走来，其他的孩子跟在后面，把我团团围住。“马尼利，这是我没收的你的陀螺；你的瑞士邮票，达尼埃里；奇奥蒂尼，你爸爸每天揪你耳朵，这都是因为我，我很抱歉。”

预设 3：全体学生簇拥着我，实际上是跑着出去的。

一句叮咛：抓语言，叮咛中感受老师对学生的负责与认真

“中学的老师要严格得多，你们要继续努力学习，做个好学生。我一定不会忘记你们的！我对你们说的都是心里话，记住我的话吧！”

一口唾沫印儿：感受老师对学生的不舍

只剩下我一个，孤零零地站在门口，一副衣服衣冠不整的样子，上衣还掉了一个纽扣。谁会拿走我的纽扣呢？我脸上还有黏糊糊的唾沫印儿哩。

等我回到家里，如果我做了什么后悔的事，那就是不得不洗去脸上的唾沫印儿。

一种状态：表达学生对老师的依恋之情

预设 1: 马蒂尼里噙着泪水朝我走来，其他的孩子跟在后面，把我团团围

住。“马尼利，这是我没收的你的陀螺；你的瑞士邮票，达尼埃里；奇奥蒂尼，你爸爸每天揪你耳朵，这都是因为我，我很抱歉。”

预设 2：奇奥蒂尼也是热泪盈眶：“没什么，老师，现在我这儿都长了个茧子了。”他挨近我，让我摸他的茧子。我也有，斯巴多尼说着，也挤过来。当然，并没有什么茧子，只不过是为了在走之前也想让我拍拍他。

预设 3：于是，斯巴多尼鼓起挂着泪珠的腮帮子，发出那种古怪的声音。

预设 4：他们都挤在我的教课桌周围，每个人为了挤到我身边来，都有点什么东西要给我看；弄破皮的手指、一点烧伤、头发下的一块疤。“老师，马蒂尼里抽噎着说，那条蜥蜴是我放在你抽屉里的。”

引导:《学步》感受亲子情

第一次品尝成功:

儿子，你居然会走路了！……那天，你被几把椅子包围着，坐在沙发前摆弄积木，我们到厨房里拿东西。你母亲偶一回头，突然惊喜地大叫：“啊呀，小凡走路了！”我随声回顾，也大吃一惊：你竟然推开包围着你的椅子，然后不依靠任何东西，自己走到了门口！我们看到你时，你正站在房门口，脸上是又兴奋又紧张的表情。看到我们注意你时，你咧开嘴笑了。你似乎也为自己能走路而感到惊奇呢。

第一次品尝苦涩:

我们在你身后，眼看着你一头撞到花坛边的铁栏杆上，心如刀割。你趴在地上，沉默了片刻，才放声哭起来。

3. 梳理板书：小细节、真情感、多修改

【设计意图】学生明确目标，学有方向、学有动力，变被动接受为主动探索。通过课文中图文结合的师生惜别场景，感受师生彼此深爱的真情；通过父母对子女学步场景的回忆感受亲子情，借鉴课文的语言材料与生活体验相结合，学生自主探究如何表达思绪万千的真实情感。学生可以选择生活中的“第一次”尝试，学生还可以通过“一次叮咛”的语言描写，一组动作、一个神态、一种状态、一个物件等细节描写写出精彩瞬间的画面感，也可以通过直接抒情与间接抒情的方式表达内心的情感，借鉴后盘活自己的语言材料，学会表达自己的情感体验。

（四）完善毕业纪念册（17 分钟）

1. 自己修改“精彩瞬间”的说明

2. 小组互评（要求：小细节，真情感，多修改）

3. 班级优秀作品展示

【设计意图】学生通过学习文章表情达意的方法，将“精彩瞬间”表达出来，完善毕业纪念册。随后，在小组互相评价中，修改自己的说明，不断提高自己的语言建构水平，并且更深刻的体验文本中人物之间的情感，将语文阅读教学与习作教学统一起来，落实语文的人文性和工具性的统一，提升语文核心素养。

五、学习效果评价及说明

同伴互评“精彩瞬间我表达”的效果评价

评价内容	★ ★ ★ ★ ★
有真实的情感	
有具体的细节描写	
在修改过程中能为他人提出建议，并虚心介绍他人意见	

1. 忆童年情境品人间真情

本课运用了体验性活动链的路径，在真实完整有意义的学习情境下对学生进行体验性活动的创设。从明确制作毕业纪念册的任务，到选择难忘的“精彩瞬间”写说明，通过习得课文范例中的表情达意的方法，抓“真情感”“小细节”，并且要“多修改”来表情达意，让自己的毕业纪念册《童年时光》更加丰盈。

2. 以读写体验促能力提升

笔者构建了毕业季的体验课程，以情入课，将学生心中的师生情，同窗情，母校情等情感体验唤醒后，并以毕业纪念册为载体，将“精彩瞬间”进行表达，以课文为范例读写结合是本课的特色。学生根据课上与阅读材料结合，与自己生活结合将思绪万千的毕业情感抒发出来，运用读写体验的方式建构了形象思维形成的过程，体验了细腻情感表达的过程，也是语言生动外显的过程。三者之间是相互作用的过程，综合提升学生的语文学习能力，落实了语文核心素养。

六、教学反思

1. 对接学生真实的生活经历，统整单元内容，设计体验性活动链

本课设计体现了“语文体验性活动链”中的真实情景，通过设计毕业课程，找到学生制作“童年纪念册”中的真实困难点，设计体验性活动来达成语文教学的目标。通过“活动链”的设计，提升学生读写能力，并且唤醒了学生的情感体验，调动学生的童年素材，建构了形象思维，然后运用语言将细腻的情感表达出来，此过程就是学生形成语文思维的过程，是真实、完整、有意义的单元设计，也是学生本位的教学设计路径的有益尝试。

2. 在活动推进过程中，发现学生在真实情景中产生的真实问题，以读写共进的方式，引导学生解决问题

毕业季的情境创设，通过“写说明到修改说明，一个个活动顺学而导，前一个活动生成的素材就是下一个活动的资源与材料，根据学生的情况调整了教学策略，围绕着学习目标展开体验性的活动层层深入，既达成了教学目标，又突破了教学重难点。

诵读为本，唤醒体验，切己反思

——《学弈》教学设计

中国农业科学院附属小学　郑　玥

以北师大版小学语文教材六年级上册“体育”单元中的主体课文《学弈》为例，本教学设计着力实现古今文字的对比学习，理解学弈蕴含的体育精神，体会做事专心致志的道理。

一、教学背景分析

（一）教材分析

《学弈》是一篇叙事明理的文言文，选自《孟子·告子》，通过生动的故事揭示了深刻的道理。这则寓言故事，讲的是通过弈秋教两个人学下围棋的故事，说明了做事必须专心致志，决不可三心二意的道理。

1. 课文内容解读

《学弈》是选自《孟子·告子》中的一个故事。通过弈秋教两个人学下棋的事，说明了学习应专心致志，决不可三心二意的道理。

原文：弈秋，通国之善弈者也。使弈秋诲二人弈，其一人专心致志，惟弈秋之为听；一人虽听之，一心以为有鸿鹄将至，思援弓缴而射之。虽与之俱学，弗若之矣。为是其智弗若与？曰：非然也。

译文：弈秋是全国最善于下棋的人。让他教两个人下棋，其中一人一心一意，聚精会神，只听弈秋的教导；另一人虽然也听讲，可是心里却想着天上有天鹅飞过，怎样拿弓箭去射它。这个人虽然和那个专心致志的人在一起学习，成绩却不如那个人。是他的智力不如那个人吗？回答说：不是这样的。

本文采用设问这个句式明确表达了寓意，说明了在同样条件下，不同的态度一定会得到不同的结果，告诉我们学习必须专心致志，不能三心二意的道理。

2. 单元编排意图

北师大版六年级上册第四单元是“体育”，这个单元是由《体育颂》《把掌声分给她一半》《学弈》三篇主体课文以及《足球史话》《手拉手》以及语文天地共同构成的。通过《体育颂》学习排比、比喻、拟人等修辞方法。通过现代诗歌、报告文学、歌词、古文等多种作品形式理解体育的内涵。整个单元涉及的作品古今中外，都在阐述体育精神对我们的影响和启迪，而《学弈》也是从下围棋这个体育项目深刻的洞见了专心致志的道理。

3. 能力要点分析

《学弈》这篇课文，让学生明白专心致志的道理并不难，难点在于如何让学生在现实生活中遇到“一心以为有鸿鹄将至”时刻的正确选择，也就是如何将语文的人文性和工具性统一起来。

《学弈》中“思”“援弓缴而射之”也是学生断句的一个难点，在文章的学习中，学习作者在古文中运用了设问的方式，并且言简意赅地点明了学弈的关键。学生除了读准音句，还可结合背景理解文字在古今语言环境的妙用，并在习文明理之外，深刻的理解体育精神的内涵，落实到自己的生活中去。

（二）学情分析

借用词典、译文理解寓言，并且明确寓意从而背诵寓言故事需要对学生情况进行如下分析。

1. 学生理解古文内容的基础

六年级的学生已经初步具备了一定的课前预习能力。学生基本能在预习中读通课文，独立学习字词，运用已掌握的一些方法自主理解词语。并且通过品读文章中要让学生了解寓言的故事和道理，通过小组合作，交流分享，情感朗读出学弈二人不同的心理变化，理解做事专心致志的道理。

2. 学生学习古文的具体困难

通过前测，学生对实词“弈”“诲”“缴”“援”“弗如”提出质疑。74% 的学生在理解内容方面提出这样的质疑：为何在智力相同的条件下，两个学生表现不同呢？根据学生质疑，通过查词典、联系实际或者对照译文等方式在反复朗读中体会感悟。

二、教学目标的确定

依据教材分析与学情分析，本课一课时教学目标确定如下。

（1）了解“弈”“缴”“然”“诲”“与”“弗若”等词语的意思。

（2）通过查字典、想象补白、古今文字对比学习，能够正确、流利、有感情地朗读课文，理解学弈蕴含的体育精神，体会做事专心致志的道理。

（3）说出重点词语的含义，能用自己的话讲述寓言故事。

教学重点：通过查字典、想象补白、古今文字对比学习，能够正确、流利、有感情地朗读课文，理解学弈蕴含的体育精神，体会做事专心致志的道理。

教学难点：说出重点词语的含义，能用自己的话讲述寓言故事。

【设计意图】结合本班学生情况，将古今文字进行对比学习，理解专心致志的道理，理解体育精神，通过熟读成诵，体验专注，深扎文化之根；品味语言，滋养情感之树，学会运用语言文字。

三、学习活动与设计意图

根据教学目标，本节课的教学活动及其设计意图如下。

课前活动：情境创设，体验专心。

1. 颠球游戏

两个人三十秒钟之内，一个同学一边背名言一边颠球，另一个同学只颠球，谁颠得球多？

2. 请观察员说发现

【设计意图】为了激发学生的求知欲，让学生充满兴趣地学习。联系实际设计活动，用贴近生活的体验进行热身，通过乒乓球体验一边颠球一边背诵感受到同一时间内专注地做一件事比同时做两件事的效率高。这样的体验，激发了学生的好奇心，趣效共生。

（一）进入情境，回顾学法

1. 同学们，今天我们一起来到古代学堂，提问：什么是学弈？（学下围棋）

2. 明确学法（送给你一把金钥匙：借助译文，学习古文）

【设计意图】谈话中学生感到古文富有感染力，大家产生无限丰富的想象，令人亲切陶醉而心驰神往，进入文言文学习的情境。学生的兴趣盎然，培植了学生对文言文学习的兴趣，也打下了学习语文的根基。学贵有疑，小疑则小进，大疑则大进。抓住学生质疑，将问题回归学生，依据学生情况有的放矢地开展教学。

（二）读准读通，整体感知

自由试读；检测挑战：①读准的难点；②读通的难点；巩固练读，同桌互检。

1. 读准字音，读通句子

2. 教师评价，并根据“据义定音”法，确定重点词语的读音。

虽与之俱学，弗若之矣。

为是其智弗若与？

3. 根据译文进行断句：思 / 援弓缴而射之

4. 互评练读

【设计意图】“书读百遍，其义自见。”在阅读教学过程中，学生通过对文言文的朗读，逐步感受到古文特有的音韵美，同时，学生评价与被评价的过程是一种探讨的过程，教师给予有特色的评价也会激发学生学习文言文的兴趣。小组学生通过自主、探究、合作的学习方式，借助工具书及译文理解文意，互相借鉴，调动学习理解古文的积极性和主动性，落实本课教学目标。

（三）读懂悟理，文意兼得

根据“金钥匙”对照译文理解古文。

1. 探因：为是其智弗若与？曰：非然也

2. 练读：使弈秋诲二人弈，其一人专心致志，惟弈秋之为听。一人虽听之，一心以为有鸿鹄将至

3. 联系课前游戏，相机对比，突出体育精神：专心致志

【设计意图】读，是学生与文本进行情感交流的纽带，因为学生只有真正的蕴含在语言文字中的情感，才能读出感情；而读的过程正是学生正确理解文本，充分给学生想象的空间体会文言文言简意赅的特点，从而品词品句，领会作者表达的过程，这种结合自身运动体验是心灵深处的，也是最长久、最深刻的。教师用语言进行渲染引导学生入情入境，一咏三叹的品读，感悟“其一人专心致志”，突破重点。并让学生通过积累词语，落实批注笔记，使学生深入文本，同时培养学生“不动笔墨不读书”的阅读习惯。

（四）熟读成诵，切己反思

1. 限时背诵

2. 个性展示（诵读有韵味，可配乐，可合作）

3. 切己反思：说说你的收获？

作业：

（1）续写。

（2）试读原著。

【设计意图】促使学生联系生活实际，感悟寓意，逐步引领学生由现实走进文本，又由文本回到现实，在阅读教学中走一个来回，落实教学目标。作业的弹性设计，融语文课程中“积累”和“实践”等多种目标于一体，将有形的课堂在无形中加以拓展，而学生也必将在拓展中再次受益，更深的感受中国文言文的独特魅力。

四、学习效果评价及说明

（1）通过学习这则寓言，你明白了什么道理？

（2）通过个人评价、同伴评价、教师评价对学生进行朗读的后测。

朗读进阶	个人评价	同伴评价	教师评价
正确、流利、朗读课文	★ ★ ★	★ ★ ★	★ ★ ★
熟练背诵古文	★ ★ ★	★ ★ ★	★ ★ ★
绘声绘色诵读古文	★ ★ ★	★ ★ ★	★ ★ ★

通过体验性活动链“读”的活动设计，将读通、读顺、读懂进而悟出道理后的诵读，内化为学生自己的语言，这样的设计层层深入，环环相扣。在指导朗读“其一人专心致……一人虽听之……”一句时，充分借助想象，引导学生融入情境，注重学生真实的体验，拉近与古人的距离，鼓励学生读出语气、节奏，尝试个性朗读。在明理环节“为是其智弗若与？曰：非然也”。通过分角色朗读、整体读、男女生读，在反复诵读中感受故事，明白事理，体会寓言凝练的特点。

五、教学反思

《学弈》的特点为：诵读为本，唤醒体验，切己反思。

（1）本课的学习以诵读为本，按照文言文阅读规律，经历“读准—读通—读懂—读出韵味”的过程，凸显“读”在文言文学习中的重要作用，帮助学生培养文言语感，培植对汉语言文字的深厚感情。

（2）通过课前的精心设计，有意识地唤醒学生相关的学习体验，更好地理解课文内容。颠球活动的安排、读懂悟理环节的生活经验对接等都能够盘活学生体验后的感受来理解学习内容。

（3）熟读成诵，学习借助新体验切己反思，学以致用。